物理如此简单

电磁学篇

张君可 宋艾晨 王 超 王君翔 编著

清华大学出版社
北京

内 容 简 介

本书是一本适合全学段中学生进行严肃阅读的物理学科普读物。人类很早就注意到生活中的电现象和磁现象，并留下了许多文字记载。电磁学继牛顿力学之后历经几个世纪的准备，终于在20世纪前叶成为经典物理学大厦的又一支柱。本书我们将探究电和磁的奥秘，让我们一起进入电和磁的神秘世界吧！

本书针对中学低年级、中年级、高年级三个学段学生的阅读特点与需求，立足于中学必备物理知识，内化科学思维方法，重点培养和提升学生的物理学科素养，提升学生解决问题的能力，开阔学生的物理视野，促进学生科学思维水平的实质发展。

本书可以作为中学生学习物理的重要课外读物，具有极高的科普及学习辅助价值。

本书封面贴有清华大学出版社防伪标签，无标签者不得销售。
版权所有，侵权必究。举报：010-62782989，beiqinquan@tup.tsinghua.edu.cn。

图书在版编目（CIP）数据

物理如此简单 . 电磁学篇 / 张君可等编著 . —北京：清华大学出版社，2023.8（2025.4重印）
ISBN 978-7-302-64485-9

Ⅰ.①物… Ⅱ.①张… Ⅲ.①中学物理课—教学参考资料 Ⅳ.① G634.73

中国国家版本馆 CIP 数据核字（2023）第 153677 号

责任编辑：杜春杰
封面设计：刘　超
版式设计：楠竹文化
责任校对：马军令
责任印制：杨　艳

出版发行：清华大学出版社
　　　　　网　　址：https://www.tup.com.cn，https://www.wqxuetang.com
　　　　　地　　址：北京清华大学学研大厦 A 座　　邮　编：100084
　　　　　社 总 机：010-83470000　　邮　购：010-62786544
　　　　　投稿与读者服务：010-62776969，c-service@tup.tsinghua.edu.cn
　　　　　质量反馈：010-62772015，zhiliang@tup.tsinghua.edu.cn

印 装 者：三河市天利华印刷装订有限公司
经　　销：全国新华书店
开　　本：170mm×230mm　　印　张：12.25　　字　数：208 千字
版　　次：2023 年 10 月第 1 版　　印　次：2025 年 4 月第 4 次印刷
定　　价：59.80 元

产品编号：098697-01

前　言

物理真的很难吗？其实物理可以很简单！物理学家坚信"自然的法则尽管无所不包，条例却很少"。物理学家坚信"物理世界是简单的，是可以被理解的"。如果你也能像物理学家一样思考，你会悟到：物理如此简单！

作为物理教师，我们经常会遇到学生恐惧学习物理的情况，甚至他们在还没有接触物理时就对这门学科的学习毫无信心。究其原因，很重要的一点是，当前的物理教学和学生的物理学习远远脱离了物理学科的本真。物理是自然科学领域的一门基础学科，作为自然科学的带头学科，物理学研究大至宇宙、小至基本粒子等一切物质最基本的运动形式和规律，因此成为其他各自然科学学科研究的基础。它是教人认识自然和理性思考的。庄子云："判天地之美，析万物之理。"这大概就是物理学和物理教育的真谛。

现在中学生对物理学科的学习大多沉浸于解题，知识的获得局限于有限的教材和门类繁多的教辅，使提高物理思维、形成物理观念、提升物理学科素养有很大的困难。这也导致一些中学生对物理形成了刻板印象，认为物理很枯燥、难学，并没有感受到物理是对自然的描述，物理是最具简洁美的科学。生活中处处有物理，学习物理不仅仅是为了解题，更是为了解决实际问题；学习物理不仅仅是为了学习已知，更是为了探究和发现未知！

为避免科普宽泛、缺少物理知识内化的问题，我们紧扣中学物理知识点，强化科学拓展与思维发散，编写了系列图书。本系列图书分为三册，第一册《物理如此简单：力学篇》主要阐述生活中涉及的运动和力、功和能、动量、振动和波动等力学现象蕴藏的原理及应用；第二册《物理如此简单：电磁学篇》主要阐述与日常生活、生产和科技发展息息相关的电场、磁场、电磁波、直流电路和交流电路等；第三册《物理如此简单：近现代物理篇》主要阐述热学、光学和量子物理基础等。

你手中这本有关物理学的书是严肃的，其中的每一个概念、思想、方法都是很多科学家经过细致严谨的实践研究获得的。作为编写者的我们并不是这些问题的发现者，我们能承诺的是书中的每一个知识点都有更为专业的物理学研究作为保障。在编写过程中，为降低初、高中不同年龄段学生的阅读门槛，我们减少大量数学公式的堆砌，力求用有意思的语言、生动的例子甚至是比喻来更好地阐述。

为了让处于中学阶段的学生能够从更多角度认识物理学，本书以初、高中物理知识为主线，以内化物理原理、学习物理方法、培养科学思维为目标，充分考虑初、高中学生的思维特点，设置了多个板块分散到全书各个章节。

- "生活物理"从生活中的具体实例提出问题，激发学生思考。
- "科学实验"利用生活中的实验器材进行实验，用所学物理知识进行解释和分析，将物理与生活紧密联系起来，让学生体会生活中处处是物理。
- "科学探索"引领学生像科学家一样思考，用科学的思维和方法探索未知。
- "原来如此"对"生活物理"中的问题给予解答并概括性地提炼和总结，从方法、能力等维度点拨，提升学生的科学素养，让学生豁然开朗，体会物理如此简单和有趣。
- "思维拓展"对中学物理知识进行拓展补充，发散思维。主要从物理知识的深化及量化、最前沿科技成果及应用、物理学史的发展等方面开阔学生视野，让其站在高处看物理。
- "科学中国"将中学物理知识与中国物理学发展融合在一起，让学生充分认识中国的物理学成就，知道中国科学家在物理学的道路上付出的努力。
- "小试牛刀"给出生活中另外一些具有相同原理的案例，预留空间，鼓励学生进一步深入学习并应用上述原理大胆尝试和实践。

前言

物理可开发想象力,
你的想象力有多强,
你的物理世界就有多大。
物理可开阔思维方式,
你的思维方式有多独特,
你就有多少种看待物理问题的视角。
物理如此简单,
又如此有趣,
请打开书开始阅读吧!

编　者
2023 年 5 月

目 录

第1章 奇妙的静电

第1节 物体带电的本质是什么? 3
第2节 库仑对带电体间相互作用的研究及发现 9
第3节 静电力的作用是一种超距作用吗? 15
第4节 如何定量地描述电场的强弱? 19
第5节 电场力是保守力吗? 24
第6节 你知道粒子加速器的原理及应用吗? 29
第7节 生产和生活中静电的防止与应用 33

第2章 认识简单的电路 39

第1节 电路知多少? 41
第2节 电流的规律 47
第3节 重要的发现——焦耳定律 53
第4节 测量电路的小能手——万用表 57

第3章 63
"隐身"的磁场

第1节　磁是如何产生的？　　　　　　　65
第2节　发射高速带电粒子的"炮"　　　72
第3节　汽车是如何"知道"自己的
　　　　速度的？　　　　　　　　　　79
第4节　如何设计直流电动机？　　　　　84

第4章 91
相生相克的电与磁

第1节　揭开电与磁神秘面纱的
　　　　奥斯特与法拉第　　　　　　　93
第2节　探秘动生与感生电动势　　　　　99
第3节　自感之父——亨利　　　　　　105
第4节　电磁炉是如何工作的？　　　　110
第5节　磁悬浮列车的伟大设计　　　　114

第5章 119
广泛应用的交流电

第1节　发电机是如何工作的？　　　　121
第2节　交流电与直流电的世纪之战　　130
第3节　中国科技之光——特高压
　　　　输电技术　　　　　　　　　　135
第4节　你知道三相交流电吗？　　　　140

第 6 章 145
无处不在的电磁波

第 1 节	发现一个大家族——电磁波	147
第 2 节	你知道莫尔斯电码吗?	154
第 3 节	无线电通信的前世今生	161
第 4 节	懒人的福利——微波炉	169

参考文献　　　　　　　　　173

"小试牛刀"参考答案　　　177

后　记　　　　　　　　　185

第 1 章
奇妙的静电

第1章 奇妙的静电

第1节 物体带电的本质是什么?

生活物理

在干燥的秋冬季节,当我们用手接触门把手时,有时会被门把手轻轻地"电"一下;当我们穿着腈纶材质的衣服时,衣服会贴在身上,引起不适感,当我们在黑暗中脱衣服时,会看到一道道小闪电并听到噼里啪啦的放电声;当我们走近加油站时,会被告知禁止使用手机;打雷下雨时,我们要避免在大树下避雨,而高大建筑物往往装有避雷针,所有这些都是因为存在静电现象。当然,静电也不是一无是处,生活中我们也会利用静电,比如给手机贴膜,给汽车贴膜,不使用任何黏合剂而将塑料窗花贴在玻璃上……那么,物体带电的本质是什么呢?

其实,早在公元前600年左右,古希腊学者泰勒斯就发现摩擦过的琥珀吸引轻小物体的现象。公元1世纪,中国学者王充也指出摩擦过的琥珀能吸引轻小的物体。16世纪,英国科学家威廉·吉尔伯特在研究这类现象时首先根据希腊文的琥珀创造了英语单词electricity(电),用来表示琥珀经过摩擦以后具有的性质,并且认为摩擦过的琥珀带有**电荷**。

人们发现,很多物体都会由于摩擦而带电,这种现象被称为**摩擦起电**。

科学实验

我们来做一个小实验(见图1-1)。

图1-1(a)所示为一个验电器。如图1-1(b)所示,我们用丝绸摩擦玻璃棒,然后用玻璃棒触碰验电器顶端的金属,此时验电器下端的金属箔片张开,表明验电器带了电,用手摸一下验电器上端的金属部分,箔片下落闭合,表明验电器不带电;如图1-1(c)所示,我们用毛皮摩擦橡胶

棒，然后用橡胶棒触碰验电器顶端的金属，此时验电器下端的金属箔片也张开，表明验电器带了电，用手摸一下验电器上端的金属部分，箔片又下落闭合，表明此时验电器又不带电了。这是为什么呢？物体所带的电从哪里来，又到哪里去了呢？

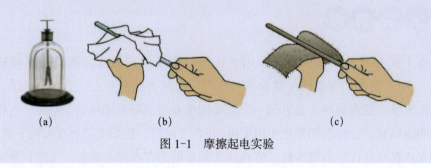

图 1-1　摩擦起电实验

原来如此

早期人们并不知道这种带电现象的本质，直到 20 世纪，在物理学终于解开物质的分子和原子的内部结构之谜后，人们对这种现象才有了较深入的了解。

现在我们已经知道，物质是由分子和原子组成的，而原子又由带正电的原子核和带负电的电子组成，原子核中有质子和中子，中子不带电，质子带正电。一个质子所带的电量和一个电子所带的电量数值相等，也就是说，如果用 e（其数值）代表一个质子的电量，那么一个电子的电量就是 $-e$。所有物质内部固有地存在着带有两种基本电荷的电子和质子，这正是各种物体带电过程的内在依据。在正常情况下，物体中任何一部分所包含的电子的总数和质子的总数是相等的，所以对外界不表现出电性。如果在一定的外因作用下（比如上面实验中的相互摩擦）物体得到或失去一定数量的电子，使得电子的总数和质子的总数不再相等，物体就呈现电性。两种不同材料的物体互相摩擦后之所以都会带电，是因为通过摩擦，每个物体中都有一些电子脱离了原子的束缚，跑到另一个物体中，但是不同材料的物体彼此向对方转移的电子数目往往不相等，所以总体上讲一个物体失去了电子，另一个物体得到了电子，结果失去电子的物体就带正电，得到电子的物体就带负电。因此**摩擦起电**实际上是通过摩擦使电子从一个物体转移到另一个物体的过程。

1. 元电荷

迄今为止，实验发现的最小电荷量就是电子所带的电荷量。人们把这个最小电荷量叫作**元电荷**，用 e 表示。实验还发现，所有带电体的电荷量都是 e 的整数倍。这就是说，电荷量是不能连续变化的物理量。

元电荷 e 的数值最早是由美国物理学家罗伯特·密立根测得的，他因此获得诺贝尔物理学奖。在密立根实验之后，人们又做了许多测量。现在公认的元电荷 e 的值为 $1.602\,176\,634 \times 10^{-19}$ C。在计算中，可取 $e = 1.60 \times 10^{-19}$ C。

2. 两种电荷

美国科学家本杰明·富兰克林（见图1-2）通过风筝实验，把天上的电引到地上，证明了天电和地电的同一性，即他发现雷电的性质与摩擦产生的电的性质完全相同，并命名了**正电荷和负电荷**。迄今为止，人们没有发现对这两种电荷都排斥或都吸引的电荷。**自然界的电荷只有两种，同种电荷间相互排斥，异种电荷间相互吸引。**

图1-2　本杰明·富兰克林

摩擦可使物体带电，那么还有其他方法可使物体带电吗？

我们再来做一个科学小实验（见图1-3）。

取一对用绝缘柱支持的导体 A 和 B，使它们彼此接触。起初它们都不带电，贴在下部的两片金属箔是闭合的。手握绝缘棒，把带正电荷的带电体 C 移近导体 A，A 和 B 下方的金属箔均张开，这时手持绝缘柱把导体 A 和 B 分开，然后移开 C，金属箔依然张开，表明此时 A 和 B 均带电，也就是说，我们用这种不接触的方式使物体带电。之后再让导体 A 和 B 接触，会看到金属箔下落闭合，表明 A 和 B 刚才带异种电荷，在接触过程中发生了中和。

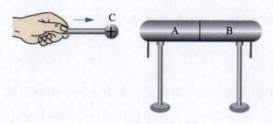

图 1-3　静电感应实验

1. 静电感应

当一个带电体靠近导体时,由于电荷间相互吸引或排斥,导体中的自由电荷便会趋向或远离带电体,使导体靠近带电体的一端带异种电荷,远离带电体的一端带同种电荷,这种现象叫作**静电感应**。利用静电感应使金属导体带电的过程叫作**感应起电**。

当一个带电体靠近绝缘体(如橡胶、玻璃等材料做成的物体)时会不会发生上述现象呢?答案是否定的。看来是否会发生静电感应与物体内部的自由电荷相关。金属类物体内部存在着可以自由移动的电荷(金属导体中自由电荷就是自由电子),我们称之为导体。当然,并非只有金属才是导体,电解液、电离的气体等都是导体。与导体不同,在一些物体中,绝大部分电荷只能在一个原子或分子的范围内做微小的移动,这些物体叫作绝缘体。注意,绝缘体内部并不是没有电子,只是自由电子少,导电性能很差,也就不会发生感应起电,而只能靠摩擦起电的方式带电。我们从微观角度想象一下,当玻璃等绝缘体受到摩擦,某些电子获得了足以挣脱原子核引力的能量而成了自由电子转移到另外一个物体上时,该绝缘体就带了电。

2. 电荷守恒定律

显然,在上述的摩擦起电和感应起电方式中,电荷都不是凭空产生的,电荷只是在物体间转移,电荷数是守恒的。

在物理学发展史中,对电现象的研究要比其他研究困难得多,因为一直没有找到恰当的方法来产生稳定的静电和对静电进行测量。直到 1660 年,盖里克等科学家发明了摩擦起电机,才有了对电现象系统的研究。1747 年,富兰克林根据他所做的摩擦起电实验提出了"电荷守恒原理"。富兰克林使电学的研究从单纯的现象观察进入精密的定量描述，使人们开始有可能用数学方法来表示和研究电现象。因此，后人把他看成是电学理论的奠基人。富兰克林在《电的实验和观察》一书中是这样表述的：在任一封闭的系统中，电基质的总量不变，它只能被重新分配而不能被创生。这和现今教材中的论述在本质上是相同的。

电荷既不会被创生，也不会被消灭，它只能从一个物体转移到另一个物体，或者从物体的一部分转移到另一部分；在转移过程中，电荷的总量保持不变。这个结论叫作**电荷守恒定律**。电荷守恒定律更普遍的表述是：一个与外界没有电荷交换的系统，电荷的代数和保持不变。电荷守恒定律是自然界中重要的基本规律之一。

中国古代关于摩擦起电的记载

中国是世界四大文明古国之一。几千年来，我们的祖先创造了光辉灿烂的古代文化，其中包括电磁学上的一些发现和发明。值得注意的是，在世界文明古国中，只有中国和古希腊发现了磁石吸铁和摩擦起电的现象。中国古代在电磁学方面的成就散见于古籍中。

西汉末期的《春秋考异邮》（公元前20年左右）中有"玳瑁吸褅"的记载（见《太平御览》卷八百七），现在一般认为它的意思是经过摩擦的玳瑁能够吸引草屑。这是现今发现的中国最早关于摩擦起电现象的记载。公元1世纪，中国学者王充在《论衡》一书中写下"顿牟掇芥"一语，意为摩擦过的琥珀（一说指玳瑁）能吸引草芥一类的轻小物体。明代李时珍所著《本草纲目》中有"惟以手心摩热拾芥为真"的记载（见第三十七卷）。这是鉴别琥珀真假的方法，即用手掌心摩擦物体到发热，看它能不能吸引草屑，能吸引草屑的就是真琥珀。这也可以帮助我们理解王充在《论衡》中所写"顿牟掇芥"的意思。

西晋张华在《博物志·杂说上》（290年）中记载："今人梳头脱着衣时，有随梳解结有光者，亦有咤声。"这是关于摩擦起电产生火花并发出声音的记载。

小试牛刀

自制验电器

试一试：自己动手制作一个验电器，并用验电器检测不同带电体所带电荷的种类和相对数量。

建议方案：找一个带有绝缘橡皮塞的干燥洁净的空玻璃瓶，将一根导体棒（铜或铁等）穿过橡皮塞，在其下端用金属丝挂两片金属箔（可以用锡箔纸制作），就制成了一个简单的验电器。可以使用这个验电器检测一下用头皮摩擦过的塑料梳子所带的电荷的种类和相对数量。

第 2 节　库仑对带电体间相互作用的研究及发现

生活物理

当我们用气球摩擦两侧的头发后，两侧头发均会被气球吸引而飘起（见图1-4），这是因为头发和气球所带的异种电荷相互吸引。而当我们将这两只气球相互靠近时，会感觉靠得越近，它们之间的斥力越大。带电体间的相互作用力与哪些因素有关呢？

图 1-4　气球摩擦头发

科学实验

我们来做一个科学小实验（见图1-5）。

在实验室中用感应起电机（后文将介绍它的基本结构）使物体C带正电。将带正电的带电体C置于铁架台旁，把系在丝线上带正电的小球（这个小球要尽可能轻）先后挂在P_1、P_2、P_3等位置。我们发现，带电体C与小球间的作

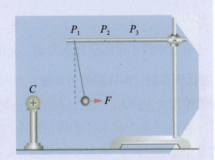

图 1-5　电荷的相互作用实验

用力会随带电体间距离的变大而变小，表现为绝缘丝线与竖直方向之间的夹角变小；而改变带电体C的带电量，C的带电量越多，在同一位置丝线偏离竖直方向的角度越大。

电荷之间作用力的大小与距离和带电量存在怎样的定量关系呢？

原来如此

实验表明,两个实际的带电体间的相互作用力与它们自身的大小、形状以及电荷分布都有关系。

1. 点电荷

为方便研究,我们可以忽略带电体本身的形状和大小,引入一个理想化的模型——**点电荷**。当带电体的大小比它们之间的距离小得多,以致带电体的形状、大小及电荷分布状况对它们之间的作用力的影响可以忽略时,这样的带电体可以看作带电的点,叫作**点电荷**。点电荷类似于力学中的质点,也是一种理想化模型。

2. 库仑定律

法国科学家查利·库仑设计了一个十分精妙的实验(扭秤实验),对电荷之间的作用力开展研究,最后确认:真空中两个静止点电荷之间的相互作用力,与它们的电荷量的乘积成正比,与它们的距离的二次方成反比,作用力的方向在它们的连线上。这个规律叫作**库仑定律**。这种电荷之间的相互作用力叫作**静电力**或**库仑力**。

真空中两个带电量分别为 q_1、q_2 的点电荷相距 r 时静电力 $F = k\dfrac{q_1 q_2}{r^2}$。式中的 **$k$ 是比例系数,叫作静电力常量**。当两个点电荷所带的电荷为同种电荷时,它们之间的作用力为斥力;反之,所带的电荷为异种电荷时,它们之间的作用力为引力。

在国际单位制中,电荷量的单位是库仑(C),力的单位是牛顿(N),距离的单位是米(m)。通过实验测得,$k = 9.0 \times 10^9 \text{N} \cdot \text{m}^2/\text{C}^2$。根据库仑定律,两个电荷量为 1 C 的点电荷在真空中相距 1 m 时,相互作用力是 9.0×10^9 N,相当于地球上 100 万吨的物体所受的重力!可见,库仑是一个非常大的电荷量单位,我们几乎不可能做到使相距 1 m 的两个物体都带 1 C 的电荷量。

通常,一只气球与头发摩擦后所带的电荷量不到百万分之一库仑,但天空中发生闪电之前,巨大的云层中积累的电荷量可达几百库仑。

库仑定律是电磁学的基本定律之一,它是继牛顿万有引力定律之后的第二个作用力与距离平方成反比的物理定律，两个定律有相似性。人们利用引力和电力或磁力的相似性，用类比方法进行推测，对库仑定律的发现具有借鉴作用，但是如果没有实验的检验，仅仅是理论上的推测，再聪明的头脑也无法做出决断。库仑定律的发现过程正说明了这一点。

18世纪中叶，牛顿力学已经取得辉煌胜利，人们借助已经确立的万有引力定律，对电力和磁力的规律做了种种猜测。1760年，瑞士物理学家伯努利首先猜测电力会不会也跟万有引力一样，服从平方反比定律。他的想法显然有一定的代表性，因为自然现象中许多过程都存在平方反比关系，如光的照度、水向四面八方喷洒、均匀固体中热的传导等无不以平方反比变化。

富兰克林在1755年左右做了一个"空罐实验"：把一只银罐放在绝缘支架上，使它带电，用丝线吊着一个直径约为1英寸（约2.54厘米）的木球放在银罐中，触及银罐的底部，当取出球时发现，球并没有因接触带电体而带电；但若将球与银罐的外部接触，则球可以带上同种电荷。富兰克林的朋友，英国科学家普利斯特利在1767年问世的《电学历史和现状及其原始实验》一书中提到：由富兰克林的空罐实验可以得出"电的吸引与万有引力服从同一定律，即相互作用力与距离的平方成反比"。普利斯特利的这一结论不是凭空想出来的，因为牛顿在1687年就证明过，如果万有引力服从平方反比定律，则均匀的球壳对壳内物体的引力为零。不过，普利斯特利的结论并没有得到科学界的普遍重视，因为他并没有进行特别明确的论证，仍然停留在猜测的阶段。

英国物理学家卡文迪什在1773年用两个同心金属壳探究了两个带电体间的相互作用力与距离的平方之间的关系（见图1-6）。卡文迪什把这个实验重复了多次，确定静电力服从平方反比定律，指数偏差不超过0.02。卡文迪什的实验设计相当巧妙，他用的是当年最原始的电测仪器，却获得了相当可靠而且精确的结果。他成功的关键在于掌握了牛顿万有引力定律这一理论武器，通过数学处理将直接测量变为间接测量。

人们公认的库仑定律是库仑在1785年发现的。这一年他发表了第一篇有关电荷作

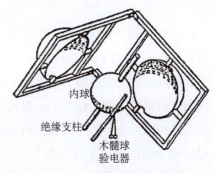

图1-6 卡文迪什的实验装置

用力的论文,报道了他对静电力随距离变化的研究。他用的实验装置,即中学教材中介绍的电扭秤,也叫作**库仑扭秤**。

如图 1-7 所示,细银丝的下端悬挂一根绝缘棒,棒的一端是一个小球 A,另一端通过物体 B 使绝缘棒平衡,悬丝处于自然状态。把另一个带电的金属小球 C 插入容器并使它接触 A,从而使 A 与 C 带同种电荷。将 C 和 A 分开,再使 C 靠近 A,A 和 C 之间的作用力使 A 远离 C。扭转悬丝,使 A 回到初始位置并静止,通过悬丝扭转的角度可以比较力的大小。改变 A 和 C 之间的距离 r,记录每次悬丝扭转的角度,就可以找到力 F 与距离 r 的关系,结果是力 F 与距离 r 的二次方成反比。

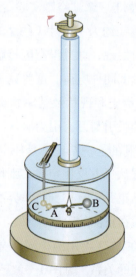

图 1-7　库仑扭秤实验

在库仑那个年代,还不知道怎样测量物体所带的电荷量,甚至连电荷量的单位都没有。不过两个相同的金属小球(一个带电、一个不带电)互相接触后,它们对相隔同样距离的第三个带电小球的作用力相等,因此,可以断定这两个小球接触后所带的电荷量相等。这意味着,如果让一个带电金属小球与另一个不带电的完全相同的金属小球接触,前者的电荷量就会分给后者一半。多次重复,可以把带电小球的电荷量 q 分为 $q/2$、$q/4$、$q/8$……这样就可以得出电荷之间的作用力与电荷量的关系:力 F 与两电荷量的乘积成正比。综合上述实验结论,可以得到库仑定律。值得一提的是，1787 年库仑发表了第二篇有关静电力研究的论文。在论文中他坦诚地说明了电扭秤方法的欠缺。他在实验时使用的小球为木髓小球，在测量电荷的吸引力时遇到了困难，因为活动小木球的平衡是一种不稳定的平衡，即使能达到平衡，最后两球也往往会相碰。这是因为电扭秤十分灵活，多少会出现左右摇摆的情况。尽管如此，他还是声称得到了带电体间的吸引力也满足平方反比规律的结果。

思维拓展

从库仑定律的发现经过可以看出，"相互作用力与距离的平方成反比的关系"自始至终对库仑的实验起着指导作用，也可以看到类比方法在科学研究中所起的重要作用。如果不是先有万有引力定律的发现，单靠实验的探索和数据的积累，不知道何年何月才能得到严格的库仑定律的表达式。实际上整个静电学的发展都是在借鉴和利用引力理论的已有成果的基础上取得的。

虽然库仑定律是通过宏观带电体的实验研究总结出来的规律，但是物理学进一步的研究表明，原子结构、分子结构、固体和液体的结构，以及化学作用等问题的微观本质都和这种库仑力有关，而在这些问题中，由于引力常数 G 值（通常计算中取 6.67×10^{-11} N·m²/kg²）非常小，万有引力的作用十分微小，基本可以忽略。譬如，氢原子核与电子之间的静电力是万有引力的 2.3×10^{39} 倍，在研究相关问题时万有引力就可以忽略了。再进一步延伸思考，那就是在研究微观带电粒子的相互作用时，都可以把万有引力忽略，除非有特殊的说明。

多个点电荷间的静电力满足**力的叠加原理**。库仑定律描述的是两个点电荷之间的作用力。如果存在两个以上点电荷，那么每个点电荷都要受到其他所有点电荷对它的作用力。两个或两个以上点电荷对某一个点电荷的作用力，等于各点电荷单独对这个点电荷的作用力的矢量和。

库仑定律给出的虽然是点电荷之间的静电力，但是任何一个带电体都可以看成是由许多点电荷组成的，因此如果知道带电体上的电荷分布，应用数学微积分的思想，根据库仑定律同样可以求出带电体之间的静电力的大小和方向。

小试牛刀

感应起电机的工作原理

手摇感应起电机（见图1-8）的核心部件是两个玻璃圆盘，它们套在同一根轴上。手柄通过传动装置带动两个圆盘朝相反的方向旋转。圆盘靠外一侧贴有若干对扁圆形的导电膜，两边各有一根放电杆，放电杆的上端制成球形。使两根放电杆上端的两个金属小球分开一定的距离，用手摇动手柄，很快就会看到两个金属小球间发生火花放电，同时会听到"啪啪"声。你知道它是怎么起电的吗？

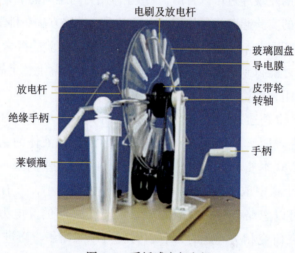

图1-8　手摇感应起电机

第1章 奇妙的静电

第3节 静电力的作用是一种超距作用吗？

生活物理

用手推桌子，手和桌子直接接触；马拉车，套在马身上的绳子和车直接接触。在这些例子中，力都是存在于直接接触的物体之间的，这种力的作用叫作接触作用。然而，当我们将摩擦过的两只气球靠近时，没有发生任何接触却能感觉到二者之间存在着相互作用的斥力。

可见，电荷之间的相互作用可以发生在不接触的带电体之间，那么这个力是怎样产生的呢？它的作用是一种超距作用吗？

原来如此

19世纪30年代，英国科学家迈克尔·法拉第提出一种观点，认为在**电荷的周围存在着由电荷产生的电场**。电场是看不见、摸不着的，但人们却可以根据它所表现出来的性质来认识它、研究它。处在电场中的其他电荷受到的作用力就是这个电场给予的。如图1-9所示，电荷A对电荷B的作用力，就是电荷A的电场对电荷B的作用；电荷B对电荷A的作用力，就是电荷B的电场对电荷A的作用。

图1-9 电荷间的相互作用通过电场发生

法拉第从广泛的实验研究中构想出描绘电磁作用的"力线"图像。他认为电荷和磁极周围的空间充满了力线，力线（包括电力线和磁力线）将电荷联系在一起。他以丰富的想象力阐述电磁作用的本质，认为力线就像从电荷发出又落到电荷的一根根皮筋一样，具有在长度方向力图收缩、在侧向力图扩张的趋势。法拉第研究了电介质对电力作用的影响，认识到这一影响表明**静电力作用不可能是超距作用**，而是通过电介质状态的变化；即使没有电介质空间，也会产生某种变化，布满了力线。法拉第的"力线"思想实际上就是场的观念，我们今天称之为"场线"，这是近距理论的核心内容。

物理学的理论和实验证实并发展了法拉第的观点。电场和磁场已被证明是一种客观存在。场像分子、原子等实物粒子一样具有能量，因而场也是物质存在的一种形式。

科学实验

很多科技馆中有体验"怒发冲冠"的高压静电装置（见图1-10）。注意在体验之前一定要认真阅读说明，并在专业工作人员的指导下进行体验。将手放在带电球上，体验者便成为一个带电体，其头发竖起的样子可以形象地描绘头部周围电场的样子。

图1-10 "怒发冲冠"静电体验

在实验室中，我们可以将验电羽（见图1-11）与摩擦起电机中的一个电极相连，来观察和模拟点电荷的电场线。用两个验电羽分别与摩擦起电机的两个电极相连，还可以模拟等量异种电荷间的电场。

图 1-11　实验室中的验电羽

真空中孤立静止的正、负点电荷周围的电场如图 1-12 所示。

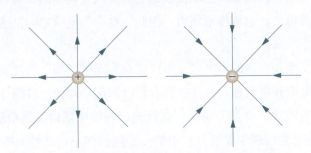

图 1-12　真空中孤立静止的正、负点电荷周围的电场

两个靠近的等量异种电荷和等量同种电荷形成的叠加电场如图 1-13 所示。

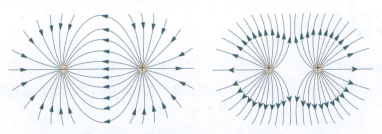

图 1-13　两个靠近的等量异种电荷和等量同种电荷形成的叠加电场

电场线有以下两个特点。

（1）电场线从正电荷或无限远出发，终止于无限远或负电荷。

（2）同一电场的电场线在电场中不相交，这是因为在电场中任意一点的电场强度不可能有两个方向。

当然，要注意的是电场中并不存在这样的"力线"，它是为形象地描绘电场而引入的理想化模型，如同我们用光线表示太阳光一样。

近代物理学的发展证明，超距作用的观点是错误的。电力和磁力的传递速度虽然很快（约为 3×10^8 m/s），但并非不需要时间。取而代之的是近距作用，即"场"的观点，不过并不存在"弹性以太"。电场本身就是物质的一种形态，因此我们现在认识到凡是有电荷的地方，四周就存在着电场，即任何电荷都在自己周围的空间激发电场。而**电场的基本性质是它对于放在其中的任何其他电荷都有作用力，这就是静电力，也称作电场力**。因此，电荷与电荷之间是通过电场发生相互作用的。

现在科学实验和广泛的生产实践不仅完全肯定了"场"的观点，而且证明电磁场可以脱离电荷和电流独立存在，具有自己的运动规律，且像分子、原子等实物粒子一样具有能量、动量等属性。这就充分表明**电场确实是物质的一种形态**。"场"概念的建立是物理学发展过程中的一个里程碑。正如爱因斯坦所说："自从牛顿奠定理论物理学的基础以来，物理学的公理基础的最伟大的变革是由法拉第和麦克斯韦在电磁现象方面的工作引起的。"

小试牛刀

两块相距很近的带等量异种电荷的平行金属板之间也存在电场，它们之间的电场线是什么样子的？先想象一下，然后设计实验，验证你的猜想是否正确。

第4节　如何定量地描述电场的强弱？

生活物理

我们知道，越靠近带电体的位置电场越强，同一带电体所受的静电力也就越大。电场强度的大小关系到电工设备中各处绝缘材料的承受能力、导电材料中出现的电流密度、端钮上的电压，以及是否产生电晕、闪络现象等问题，是设计中需要考虑的重要物理量之一。地球表面附近的电场强度约为 100 V/m。

那么，如何描述电场的强弱呢？

在上一节中可以看到，电场线可以形象直观地描述电场的强弱。其中电场线较密集处电场较强，而电场线较稀疏处电场较弱。本节我们尝试引入一种定量描述电场强弱的物理量。

电场是在与电荷的相互作用中表现出自己的特性的。因此，在研究电场的性质时，应该将电荷放入电场中，从电荷所受的静电力入手。这个电荷应该是电荷量和体积都很小的点电荷。电荷量很小，是为了放入它后不影响原来要研究的电场；体积很小，是为了便于用它来研究电场各点的性质。这样的电荷常常叫作**试探电荷**。激发电场的带电体所带的电荷叫作场源电荷，或**源电荷**。

科学实验

下面使用如图 1-14 所示的装置来探究电场的强弱。

在某处空间有一个源电荷 C，我们引入一个试探电荷 A 来探测其周围电场的强弱。可以用静电斥力作用下绝缘丝线的张角来显示静电力的大小。我们发现，在同一位置放入不同的试探电荷，张角不同，试探电荷的电量越大，张角越大；而同一试探电荷悬挂在 P_1、P_2、P_3 等不同位置时，张角也不同，挂得越远，张角越小。

那么，可否直接用静电力的大小表示电场的强弱呢？

显然，不能直接用试探电荷所受的静电力来表示电场的强弱，因为对于电荷量不同的试探电荷，即使在电场的同一点，其所受的静电力也不相同。而电场强弱的属性由源电荷决定，应该与试探电荷无关。那么，用什么物理量能够描述电场的强弱呢？

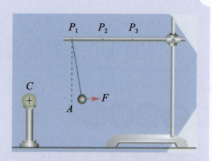

图1-14 电荷间的作用

原来如此

如果把一个很小的电荷 q_1 选为试探电荷，它在电场中某个位置受到的静电力是 F_1，另一个同样的电荷在同一位置受到的静电力一定也是 F_1。我们可以推测，假如有一个电荷量为 $2q_1$ 的电荷放在同一位置，其受到的静电力是 $2F_1$。依此类推，电荷量为 $3q_1$ 的电荷放在此处，其受到的静电力是 $3F_1$……

故推测：试探电荷在电场中某点受到的静电力 F 与试探电荷的电荷量 q 成正比。或者说，试探电荷在电场中某点受到的静电力 F 与试探电荷的电荷量 q 之比是一个常量。

这样的推测是否正确？这只是一种猜想和假设，它的正确性有待进一步检验。我们可以用已知的定律对点电荷的电场进行理论上的分析。

我们在距离点电荷 Q 为 r 的电场中的 P 点放一个试探电荷 q_1，它在电场中受到的静电力是 F_1，根据库仑定律，有 $F_1 = k\dfrac{Qq_1}{r^2}$。

同理，如果把试探电荷换成 q_2，它在电场中受到的静电力是 F_2，有 $F_2 = k\dfrac{Qq_2}{r^2}$。

由以上两式可以看出，$\dfrac{F_1}{q_1} = \dfrac{F_2}{q_2}$。当然，我们还可以把试探电荷换成 q_3、q_4 等，

都可以得到相同的结论。

以上推理和结论虽然是从点电荷电场得到的，但同样适用于其他电场。

实验表明，无论是点电荷的电场还是其他电场，在电场的不同位置，试探电荷所受的静电力与它的电荷量之比一般来说是不一样的。它反映了电场在各点的性质，叫作**电场强度**。电场强度常用 E 来表示：

$$E = \frac{F}{q}$$

电场强度是通过物理量之比定义的新物理量，我们把这个表达式称为电场强度的定义式，适用于一切电场。其中 q 为引入电场中某点的试探电荷的电量；F 为该试探电荷在该点所受的静电力。按照上式，电场强度的单位应是牛每库，符号为 N/C，其物理意义是：如果 1 C 的电荷在电场中的某点受到的静电力是 1 N，那么该点的电场强度就是 1 N/C。**电场强度是矢量**。物理学中规定，电场中某点的**电场强度的方向与正电荷在该点所受的静电力的方向相同**。按照这个规定，负电荷在电场中某点所受静电力的方向与该点电场强度的方向相反。

如何由电场强度的定义式出发，探究点电荷电场及点电荷叠加场呢？

1. 点电荷的电场

从 $E = \dfrac{F}{q}$ 可知，放在某点的试探电荷受到的静电力与它的电荷量之比，跟该点的试探电荷的电荷量 q 无关，而与产生电场的场源电荷的电荷量 Q 及该点与场源电荷之间的距离 r 有关。下面我们来看一下点电荷的电场的决定式。

点电荷是最简单的场源电荷。根据电场强度的定义式，结合库仑定律很容易得出：一个电荷量为 Q 的点电荷，在与之相距 r 处的电场强度为

$$E = k\frac{Q}{r^2}$$

这个表达式即点电荷周围电场强度的决定式，表明电场强度与距离的平方成反比。

根据上式可知，如果以电荷量为 Q 的点电荷为中心作一个球面，则球面上各点的电场强度大小相等。当 Q 为正电荷时，电场强度 E 的方向沿半径向外；当 Q 为负电荷时，电场强度 E 的方向沿半径向内，如图 1-15 所示。

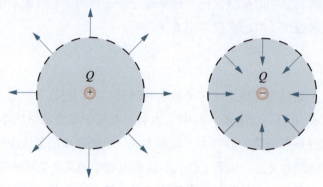

图 1-15　正、负点电荷的电场

2. 电场的叠加原理

如果某处空间存在两个或两个以上的场源电荷，如何求电场强度呢？

我们知道，两个或两个以上的点电荷对某一个点电荷的静电力，等于各点电荷单独对这个点电荷的静电力的矢量和。由此可以推理，如果场源是多个点电荷，则电场中某点的电场强度等于各个点电荷单独在该点产生的电场强度的矢量和。

如图 1-16 所示，P 点的电场强度 E，等于点电荷 Q_1（为正电荷）在该点产生的电场强度 E_1 与点电荷 Q_2（为负电荷）在该点产生的电场强度 E_2 的矢量和。

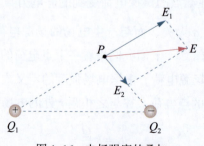

图 1-16　电场强度的叠加

若一个带电体比较大而不能将其看作点电荷，当计算它的电场时，可以把它分成若干小块，只要每个小块足够小，就可以看成点电荷，然后用点电荷电场强度叠加的方法计算整个带电体的电场。可以证明，一个半径为 R 的均匀带电球体（或球壳）在球的外部产生的电场，与一个位于球心、电荷量相等的点电荷在同一点产生的电场相同，如图 1-17 所示，式 $E=k\dfrac{Q}{r^2}$ 中的 r 是球心到该点的距离（$r>R$），Q 为整个球体所带的电荷量。

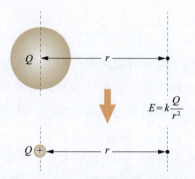

图 1-17　球形带电体与点电荷的电场等效

用物理量之比定义新物理量

在物理学中，常常用物理量之比表示研究对象的某种性质。比值定义包含"比较"的思想。例如，在电场强度概念建立的过程中，比较的是带有相同电荷量的试探电荷受静电力的大小，用静电力 F 与电荷量 q 之比定义电场强度 E。这样定义一个新的物理量的同时，也就确定了这个新的物理量与原有物理量之间的关系。

试举例说明，还有哪些物理量也采取了同样的定义方法。

第5节 电场力是保守力吗？

生活物理

上一节中，我们研究了电场对电荷的作用力，这是电场与实物相互作用的一种表现。我们定义了电场强度，这是从相互作用的角度去认识电场。下面我们将研究在电场中移动电荷时电场力的做功情况，从能量的角度去认识和描述电场。

让我们从熟悉的情形开始做一些类比思考。如图1-18所示，黄果树瀑布是世界著名的大瀑布之一，以水势浩大著称。水流自上而下，在这一过程中，重力做功使水的重力势能转变为动能。我们知道，只有当物体间的相互作用力是保守力时才存在与这种力相联系的势能。那么，电场力是保守力吗？在电场中，也有"势能"吗？这就要看电场力对试探电荷做功是否跟试探电荷的运动路径有关了。

图1-18 黄果树瀑布

我们知道，当物体的高度发生变化时，重力会对物体做功，对于同一物体，重力做功与路径无关，只与物体起点和终点的高度差有关。把质量为 m 的物体沿着不同路径从 A 移到 B（见图 1-19），重力做功是相等的。在静电场中移动电荷，电场力也要做功，电场力做功是否也具有这样的特点？

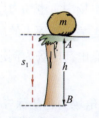
(a) 物体沿竖直方向向下运动

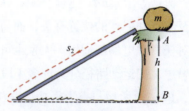
(b) 物体沿斜面向下运动

(c) 物体沿曲折路径向下运动

图 1-19　重力做功与路径无关

我们以最简单的在匀强电场中移动电荷为例来进行相关推证。图 1-20 所示为匀强电场（场强为 E）中的电荷 $+q_0$ 沿不同的路径从 A 运动到 B 的情形。三种情况下电场力做的功相等吗？

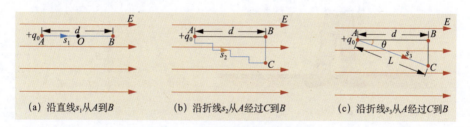

(a) 沿直线 s_1 从 A 到 B　　(b) 沿折线 s_2 从 A 经过 C 到 B　　(c) 沿折线 s_3 从 A 经过 C 到 B

图 1-20　沿不同的路径移动电荷

电荷 $+q_0$ 在匀强电场中受到的电场力是恒力，其大小为 $F=q_0E$，方向沿 AB 方向。电荷沿直线 s_1 从 A 到 B 的过程中，电场力做功 $W_1=q_0Ed$。

电荷沿折线 s_2 从 A 经过 C 到 B 的过程中，凡移动路线与电场线平行的部分，电场力做功，而与电场线垂直的部分，电场力不做功，因此这个过程中电场力做的总功 $W_2=W_1=q_0Ed$。

电荷沿折线 s_3 从 A 经过 C 到 B 的过程中，可以将 AC 分解为无数段像图

1-20（b）中那样的折线，同理可以证明电场力做的功 $W_3=W_1=q_0Ed$。

利用微分思想，即使电荷沿着更复杂的曲线运动，我们也可以把运动路径分成很多小段，每一小段都可以看作一段斜线。可以证明，只要起始位置是 A、终止位置是 B，电场力做的功总等于 q_0Ed。这就是说，在匀强电场中，电场力做功只与移动电荷的电荷量及起点和终点的位置有关，而与路径无关。更深入的研究和实验证实，上述结论对任意静电场都适用。大家也可以以点电荷电场为例进行推证，当然要使用微分思想，把运动路径分为许多小段。

可见，在静电场中，电场力做功与重力做功情况相似，**电场力也是保守力**。由此我们可以把静电场和重力场加以类比，从能量的角度去认识静电场。

在地面附近，物体从 A 运动到 B 的过程中，由于重力做功，物体的动能增加，重力势能减小，如图 1-21（a）所示；在静电场中，如图 1-21（b）所示，正电荷从 A 运动到 B 的过程中，由于电场力做功，电荷的动能增加，增加的动能从何而来？

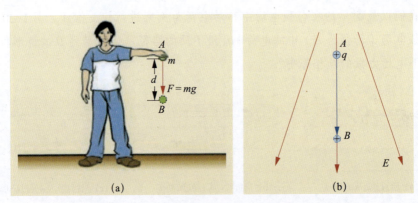

图 1-21 重力做功与电场力做功的比较

原来如此

既然电场力是保守力，我们就可以像引入重力势能和引力势能那样引入电荷的电势能。

在静电场中，正电荷从 A 运动到 B 的过程中，电场力做正功，电荷的动能增加，增加的动能应该是由某种势能转化而来的。这种势能叫作静电势能，简称电势能，用符号 E_p 表示。电势能是放入电场中的电荷与电场组成的系统共有的，它既与电荷有关，也与电场有关。例如，电荷 q 位于电场中 A 点时具有的电势能为 E_{pA}，位于 B 点时具有的电势能为 E_{pB}；而另一个电荷 q' 位于电场中 A 点时具有的电势能为 E'_{pA}，位于 B 点时具有的电势能为 E'_{pB}。

电势能与重力势能一样是标量，没有方向。它的单位也与重力势能相同，在国际单位制中，它的单位是焦耳，简称焦，用符号 J 表示。"物体的重力势能"是物体在地面附近时"引力势能"的一种简单通俗的说法，实际上这个势能是指物体与地球组成的系统的引力势能。同样，"电荷的电势能"实际上是指电荷与电场组成的系统的电势能。

电场力做功与电势能变化之间存在怎样的关系呢？

在地球附近，重力做的正功等于物体重力势能的减少，如果重力做负功，则负功的多少等于物体重力势能的增加。与此类似，在静电场中移动电荷，电场力做功，电荷的电势能也会发生变化，可以用电势能的变化表示这一过程中电场力所做的功。设电荷 q 在电场 A、B 两点所具有的电势能分别为 E_{pA} 和 E_{pB}，把该电荷从 A 点移到 B 点，电场力对电荷所做的功为 W_{AB}，则 $W_{AB}=E_{pA}-E_{pB}$。可以看出，把电荷从 A 点移到 B 点，如果**电场力做正功，电荷的电势能减少**；反之，如果**电场力做负功，电荷的电势能增加**。

重力势能具有相对性，它的大小与零势能位置的选择有关。类似地，电荷在静电场中的电势能也具有相对性。只有选择了参考点（零电势能位置）之后，电势能才有确定的值。例如，如果选择 B 点为参考点，电荷在 B 点的电势能 $E_{pB}=0$，则有 $E_{pA}=W_{AB}$。这表示，**电荷在电场中某点的电势能的大小等于将电荷从该点移到零电势能位置电场力所做的功**。在物理学中，通常取无穷远处或大地为零电势能的位置。静电场与重力场虽然有很多相似之处，但是二者有很大的区别。例如，在同一电场中，在固定的两点间移动一个正电荷和移动一个负电荷，

电势能的变化是相反的。电势能与重力势能都是势能，但电势能不属于机械能，它们是自然界中两种不同形式的能。在用类比思想理解重力场和电场的过程中，既要注意二者的相似，也要注意二者的不同。

这里，我们可以定义一个新的物理量——**电势**。

物理学中把电荷在电场中某一点的电势能与它的电荷量的比，定义为该点的电势，用符号 φ 表示。电势是标量，没有方向。在国际单位制中，电势的单位是伏特，简称伏，符号是 V。电场中两点间电势之差称为电势差，即我们通常所说的电压。

小试牛刀

什么是保守力？是否存在与摩擦力相关的摩擦势能？你还知道哪些力是保守力？试列举说明。

第1章 奇妙的静电

第6节 你知道粒子加速器的原理及应用吗?

生活物理

信息时代,每个人的生活都离不了电子显示屏,如日常使用的手机的屏幕,电视机和计算机的显示器以及公共场所的电子显示屏(见图1-22)等。

图1-22 广场中央的电子显示屏

任一电视机或计算机显示器的阴极射线管(CRT)实际上就是一种粒子加速器。CRT从阴极提取粒子(电子),对它们进行加速并且用电磁体在真空中改变它们的方向,使它们撞击到屏幕上的荧光分子,这种碰撞会在电视机或计算机显示器上产生亮点或像素。

科学实验

电子显像的基本原理是什么呢?

让我们来到实验室,用示波器来观察电信号随时间变化的情况。图1-23所示为中学物理实验室某型号学生示波器,电子荧光屏上显示出了输入电信号的样子。

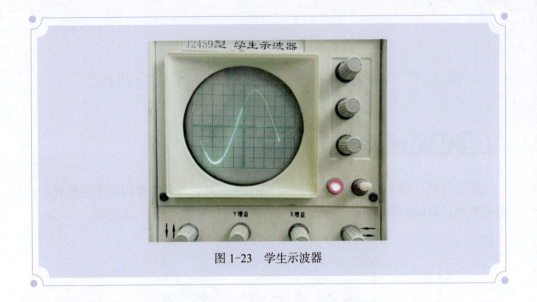

图 1-23 学生示波器

原来如此

示波器的核心部件是示波管，它由电子枪、偏转电极和荧光屏组成，管内抽成真空（见图 1-24）。

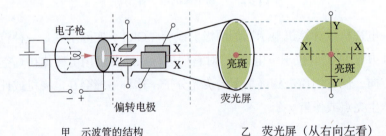

甲　示波管的结构　　　　　　　乙　荧光屏（从右向左看）

图 1-24 示波管的结构及原理

电子枪的作用是产生高速飞行的一束电子。电子枪有两对偏转电极，YY′ 电极使粒子在竖直方向偏转，XX′ 电极使粒子在水平方向偏转。如果在偏转电极 XX′ 之间和偏转电极 YY′ 之间都没有加电压，电子束从电子枪射出后将沿直线运动，打在荧光屏中心，并产生一个亮斑。示波管的 YY′ 偏转电极上加的是待测的信号电压。XX′ 偏转电极通常接入仪器自身产生的锯齿形电压，叫作扫描电压。如果信号电压是周期性的，并且扫描电压与信号电压的周期相同，那么，就可以在荧光屏上得到待测信号在一个周期内随时间变化的稳定图像了。

粒子加速器不仅在日常生活中有很广泛的应用，而且在现代科技的各个领域都具有重要的意义。比如在医疗卫生、军事领域都需要高能粒子。高能粒子即运动速度和动能很大的粒子，显然，要增大粒子的出射速度和动能就需要提高加速电压。

最早的加速器是高压型加速器，这种加速器的能量受击穿电压的限制，促进了回旋型加速器的发展。在回旋型加速器中，引进磁场使粒子流沿曲线轨道运动，实现高频电场或感应电场对带电粒子的多次加速。可见在给定粒子流能量和种类的情况下，如要减小加速器的偏转半径（从而减小机器尺寸），需要尽可能采用高磁场。在回旋型加速器中，主导磁场必须覆盖不同半径的螺旋线轨道。为了解决由此引起的磁铁庞大的问题，人们又发明了磁场随粒子流能量提高而增强的同步加速器，将粒子流约束在环型真空盒内。弱聚焦加速器真空盒截面太大，限制了能量的进一步提高，于是交变梯即强聚焦加速器出现。环型加速器，特别是电子环型加速器中存在的同步辐射阻碍加速器向更高能区推进，促进了直线型加速器的发展。常规的磁铁和高频腔的功率损耗限制加速器向超高能发展，促进了超导技术在加速器中的应用。而让两束相向运动的粒子对撞来提高有效作用能的对撞机，则把粒子流的等效能量推向新的高度。

粒子加速器在中国的发展

中国的粒子加速器近20年来发展迅速，在加速器不同的类型、规模和应用方向上全面向世界先进水平靠近，基本上完成了从跟踪国际水平到与国际先进并行的跨越式发展。

由中国提出并牵头开展国际合作的超级对撞机CEPC项目是面向未来高能物

理发展的国际标志性研究项目，代表了未来粒子加速器发展的新高度；随着北京高能同步辐射光源（HEPS）、上海硬X射线自由电子激光（SHINE）、合肥先进光源（HALF）这3台第四代光源的建设，中国在先进光源方面处于国际先进水平之列；中国散裂中子源、加速器驱动的次临界系统和强流重离子加速器则将中国的质子/重离子加速器推进到国际第一梯队。除了装置建设，中国的加速器理论（束流物理）和加速器技术也得到了很大的发展，处于快速追赶国际先进水平的阶段。

近30年来，质子/重离子加速器应用于精准放射治疗的技术越来越成熟，随着中国社会发展水平的快速提高，对这类高端医疗设备的需求也在快速增加。目前，国内大部分医疗机构仍选择购买如IBA等国外公司提供的加速器设备；与此同时，国内几个科研单位和公司也在积极开发相应的加速器装备，如中国科学院近代物理研究所和上海应用物理研究所等几家单位主要开发以同步加速器为基础的质子或重离子加速器治疗设备，而合肥离子医学中心、中国原子能科学研究院、华中科技大学等单位主要开发以超导回旋加速器为主的质子加速器治疗设备。另外，中国科学院高能物理研究所和中国原子能科学研究院等多家单位也在发展基于小型强流质子加速器的硼中子俘获治疗装置。可以说，我国已基本掌握了这类加速器和主要配套设备的制造技术，并开始产业化运作。

近年来，用于生产放射性同位素的小型医用质子回旋加速器的需求快速增长。过去，这类设备长期依赖进口，目前这种情况正在发生改变，国内多家单位研发了能量为10 MeV～18 MeV的紧凑型回旋加速器，并正在进行产业化运作。希望在不久的将来，国产小型医用质子回旋加速器将打破国外产品垄断国内市场的局面。在各种小型的应用型电子直线加速器或静电加速器方面，中国的基础一直比较好，如集装箱检测、X射线放疗、工业CT、电子束辐照等都有比较好的产业化应用。

小试牛刀

实际应用中，在对粒子进行加速前，要先测定粒子的电量和质量。美国物理学家罗伯特·**密立根**于1910年利用油滴实验测量了电子的电荷量。这是物理学发展史上非常著名的实验，他的实验装置和原理是怎样的？请利用互联网进行查询和了解。

第1章 奇妙的静电

第7节 生产和生活中静电的防止与应用

生活物理

在干燥和多风的秋天，人们常常会碰到这些现象：晚上脱衣服睡觉时，黑暗中常听到噼啪的声响，而且伴有小火花；见面握手时，手指刚一接触到对方，会突然感到指尖针刺般刺痛；早上起来梳头时，头发会经常"飘"起来，越理越乱；衣服会紧贴在身上，引起皮肤瘙痒；当用手去拉门把手、开水龙头时都会"触电"，时常发出"啪"的声响……这些都是常见的静电现象。你听说过由静电产生的火花引发的火灾或爆炸吗？你知道闪电击中房屋或人体会造成多么严重的伤害吗？这一节我们来谈谈静电的防止和应用。

科学实验

利用图1-25所示的静电感应起电机，可以模拟闪电的形成。

将两个集电小球相互靠近，当转动手柄时，在两个小球间可以看到"小闪电"，并听到"啪啪"的放电声。这是为什么呢？

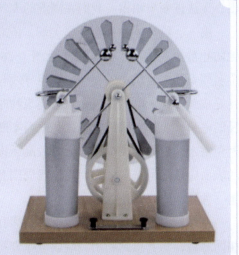

图1-25 静电感应起电机

33

静电感应起电机形成"闪电"是由于两个小球因电荷积累过多而产生很高的电压（电势差），导致周围空气被击穿而成为导电的气体，从而形成了瞬时放电电流。这时你再用手接触起电机的金属部分就不会被电击了。

由此我们联想到，**将产生的静电及时导走应是防止静电的基本策略之一。下面介绍几种防止静电的基本方法。**

第一，尽快导走多余电荷，避免静电积累。最简单而又最可靠的办法是用导线接地，这样可以把多余的电荷引入大地，避免静电积累。例如，油罐车下部拖的一条铁链就是接地线，它可以使油罐车与周围物体摩擦产生的静电及时导入大地，避免产生火花，带来危险；在大型办公会议场所使用的地毯中夹杂直径很小的不锈钢丝导电纤维，就可以很好地消除静电的影响。

第二，调节空气的湿度也是防止静电危害的有效办法。空气的湿度增大后，原来绝缘体的表面变得潮湿，从而成为导体，一些地方积累的电荷容易随时放出，无法进一步积累。我们在潮湿的天气里不容易做好静电实验也是这个道理。

第三，给导体加一个金属尖端，使之产生尖端放电。尖端放电也是一种很好地防止静电的方法。避雷针（见图1-26）就利用了尖端放电的原理。将尖锐的金属棒安装在建筑物的顶端，用粗导线与埋在地下的金属板连接，保持与大地的良好接触。当带电的雷雨云接近建筑物时，由于静电感应，金属棒出现与云层相反的电荷。通过尖端放电，这些电荷不断向大气释放，中和空气中的电荷，达到避免雷击的目的。尖端放电会导致高压设备上电能的损失，所以高压设备中导体的表面应该尽量光滑。夜间高压线周围有时会出现一层绿色光晕，俗称电晕，这是一种微弱的放电现象。

避雷针是美国科学家富兰克林发明的。当他发现闪电和莱顿瓶放电本质上相同之后，马上想到利用尖端放电原理将天空中威力巨大的雷电引入地面，以避免建筑物被雷击。1750年，富兰克林最先提出了避雷针的设想；1753年，富兰克林在他自己印刷发行的历书中详细介绍了避雷针的制作、安装方法；1754年，捷克科学家吉韦茨制造了第一个避雷针；1760年，富兰克林在费城的一座大楼上竖起了一根避雷针,效果十分显著,费城各地竞相仿效,到1782年,全城已装了400根避雷针。避雷针是电学研究给人类带来的一项有实际应用价值的发明,200余年来,它不知为人类避免了多少次生命和财产的损失。

图 1-26　避雷针

1. 静电屏蔽原理

除上述方法外,我们还可以应用静电屏蔽原理来防止静电的危害。

什么是静电屏蔽呢?大家还记得我们在前面介绍过的富兰克林在1755年左右做的"空罐实验"吧:把一只银罐放在绝缘支架上,使它带电,用丝线吊着一个直径约为1英寸的木球放在银罐中,触及银罐的底部,当取出球时却发现球并没有因接触而带电。其实这个实验已经告诉我们带电导体内部是一个安全的无电区域，或者用更专业的物理学术语来说，带电导体内部电场强度处处为零。为什么呢？为了讲清这个问题，我们要谈一谈静电平衡。

2. 静电平衡

把一个不带电的金属导体 ABCD 放到电场强度为 E_0 的电场中，如图 1-27(a) 所示。由于静电感应，在导体 AB 侧的平面上将感应出负电荷，在 CD 侧的平面上将感应出正电荷。导体两侧出现的正、负电荷在导体内部产生与电场强度 E_0 方向相反的电场，其电场强度为 E' 如图 1-27（b）所示。这两个电场叠加，使导体内部的电场减弱。在叠加后的电场作用下，仍有自由电子不断运动，直到导体内部各点的电场强度 $E = 0$ 为止，如图 1-27（c）所示，导体内的自由电子不再发生定向移动。这时，导体达到**静电平衡**（electrostatic equilibrium）状态。**处于静电平衡状态的导体，其内部的电场强度处处为零。**

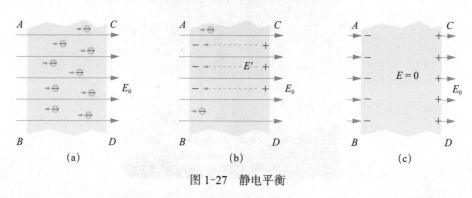

图 1-27　静电平衡

研究表明，处于**静电平衡**状态的导体具有以下特点：**（1）若带电导体空腔内无带电体，则导体空腔内表面不带电，电荷只分布在空腔的外表面。空腔内场强处处为零，整个空腔为一个等势体。（2）若导体空腔内有带电体，则导体空腔内表面所带的电荷与空腔内电荷的代数和为零。**

应用处于静电平衡状态的导体内部没有电荷，电荷只分布在导体的外表面的原理，我们就可以找到空腔内安全的区域，将电屏蔽在外，物体处于空腔内是安全的，是不被电打扰的。用金属网把验电器罩起来，再使带电金属球靠近验电器，验电器箔片不再张开（见图 1-28）。电工在高空高压带电作业时，身着带金属网的衣服和手套也是同样的道理。当然，利用静电屏蔽还可以实现电信号无法传出，比如我们将手机放在金属网内，同时将金属网接地，手机信号将被屏蔽。

第1章 奇妙的静电

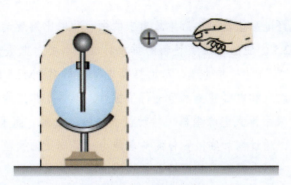

图1-28 静电屏蔽

3. 静电的应用

科学是一把双刃剑，静电虽然会有危害，但也可以被利用。在电场中，带电粒子受到静电力的作用，向着电极运动，最后会被吸附在电极上。这一原理在生产技术上被广泛应用。例如，利用静电在物体上喷涂液体或固体涂料，这种喷漆技术的原理是设法使雾化的油漆液滴或固体涂料的细小颗粒在飞离喷嘴时带上同种电荷，在电场力作用下飞向作为电极的工件，由于同种电荷的排斥作用，就能够比较均匀地沉积于工件表面。静电喷涂具有效率高、质量好的优点。静电除尘是工业生产中处理烟尘的重要方法。静电在激光打印机中同样扮演着重要角色，有兴趣的同学可以上网查阅相关资料，进行研究学习。

中国静电技术对PM2.5的控制研究进展

PM2.5已成为国内外城市大气的首要污染物，各国对颗粒物开展了大量的研究工作，而中国也在2012年将PM2.5排放浓度允许的最大值纳入《环境空气质量标准》（GB 3095—2012）中，在北京、天津、长江三角洲、珠江三角洲等重要地区对可入肺颗粒物展开了初步的监控，并于2016年在全国范围内开展监测。燃煤、生物质、汽车燃料等经过燃烧而排放的尾气是燃烧源PM2.5的主要来源。中国消耗的一次能源主要是煤炭，占到70%，其用于燃烧的约为75%，虽然燃煤锅炉产生的颗粒物既包括细颗粒物，又包括粗颗粒物，但0.2～2.5 μm的细颗粒物是尾部烟气经电除尘器除尘后排放出来的颗粒物中比例最大的。鉴于现有的电除尘器对PM2.5的脱除很难满足新的排放标准，需要对电除尘器进行改进或对PM2.5进行相应的电凝并处理，从而提高电除尘器对PM2.5的去除效率。中国针对电除尘器改进和电凝并技术等进行了探讨，取得了相应的进展，如电除尘器的改进方面，采用湿式电除尘器、转动极板电除尘技术、高压电源改造技术；电凝并技术方面，通过增加细微颗粒的荷电能力，促使微细颗粒通过电泳方式到达其他颗粒表面并与之接触，从而增加颗粒间的凝并效果，继而提高颗粒的脱出效率。

与常规的电除尘器相比，改进后的电除尘器具有使用范围广、除尘效率高等优点，在大气研究领域具有很好的应用前景，成为目前大气领域研究的热点。

小试牛刀

在燃气灶和燃气热水器中，常常安装电子点火器，接通电子线路时产生高电压，通过高压放电的电火花来点燃气体。点火器的放电电极是针尖形，这是为什么？与此相反，验电器的金属杆上端却固定一个金属球而不做成针尖状，这又是为什么？

第 2 章
认识简单的电路

第 2 章 认识简单的电路

第 1 节 电路知多少？

生活物理

你有没有想象过黑客是怎么工作的？身穿夜行衣坐在小黑屋中，面前放着一台计算机，弹指间搅动全球风云？也许还有另一种画面——一台冰箱在其主人不知情的情况下向外发送了大量垃圾邮件。你没有看错，一台冰箱在 2013 年 12 月 23 日充当了发送垃圾邮件的黑手。随着经济全球化的发展，芯片的竞争也越来越具有战略性质。芯片和集成电路是什么呢？其实它们都是由很多模块化电路组合在一起形成的单元（见图 2-1）。不管是计算机还是冰箱，都是由很多实现特定功能的模块化电路构成的集合体。最简单的电路是如何形成的呢？让我们一起走进电路的世界，探寻电路是如何工作的吧。

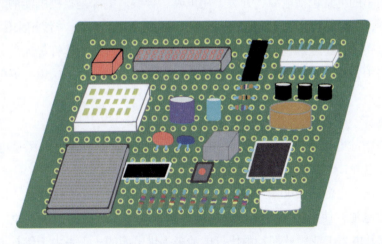

图 2-1　集成电路示意图

科学实验

我们来设计一个家庭楼道的电路。小明住在一个两层楼房中，要求实现这样一个功能：晚上从一楼上楼时，按下开关，楼道中的灯亮起；上到二楼后，按下开关，楼道中的灯熄灭。同理，晚上下楼时，也可以实现类似的功能。开动脑筋想一想如何设计吧。

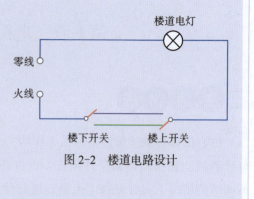

图 2-2 楼道电路设计

图 2-2 所示是其中一种设计方案的电路，和你的想法一样吗？

原来如此

最简单的电路包括电源、开关、用电器、导线。电源是提供电能的装置，通过用电器，将电能转化为其他形式的能量；开关用来控制电路；导线用来传输电能。在实际电路中，还经常包括电容、电感、二极管、场效应晶体管等元件。电子元件在电路中各司其职，使电路实现整体的功能。让我们一起来认识一下电路中的元件吧。

1. 电源

电路中的电源提供了电压，使电路中产生电流。可以说，电源是电路的心脏，没有电源，电路就无法工作。

（1）伏打电池。1800 年，意大利物理学家伏打发明了伏打电池。这是人类的第一块电池，使人类第一次可以获得持续的电流。此后的很长一段时间，在科学研究及电力工业领域都是由伏打电池来提供电能的。正是由于伏打电池的发明，才使得此后发现电流的磁效应及电磁感应原理成为可能。将锌片、浸过盐水的纸片、铜片按次序重复堆叠在一起，可以将 LED 灯点亮（见图 2-3）。通过多层堆积的方法可以得到不同输出电压的伏打电池。

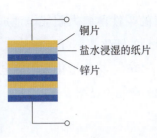

图 2-3　自制伏打电池

（2）温差电偶发电。1821 年，德国物理学家塞贝克将两种不同的金属导线两端连接在一起，将其中的一个结点加热到很高的温度，另一个结点保持低温，发现导线周围有磁场产生。将铜丝和康铜丝连接在一起，利用蜡烛进行加热，可以看到灵敏电流计指针发生了偏转，说明有电流产生（见图 2-4）。使用这种方法可以制备出利用温差发电的装置，欧姆就是使用这种电源得到了著名的欧姆定律。

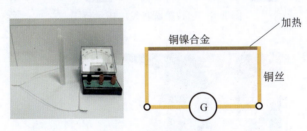

图 2-4　温差电偶发电

（3）发电机。1831 年 11 月 24 日，法拉第向英国皇家学会提交了论文，依据实验总结出了产生感应电流的方法，在实验的基础上发明了人类历史上第一台感应发电机——圆盘发电机（见图 2-5）。现在的火电站、水电站、核电站、太阳能塔式热电站等都是利用这个原理发电的。

（4）太阳能电池。随着人们对环保的重视以及地球上煤炭、石油资源的消耗，人们开始寻找新的清洁能源。1954 年，美国贝尔实验室发现单晶硅太阳能电池。1975 年，非晶硅太阳能电池问世。随着科技的发展，光伏发电的效率不断提高，逐渐走进了我们的生活。将半导体材料沉积在低廉的衬底上形成几微米厚的薄膜，可以大大减少半导体材料的用量，降低太阳能电池的成本。进一步发展的柔性薄膜太阳能电池成本低廉,可应用于野外旅行等。染料敏化太阳能电池是的转化效率可与非晶硅太阳能电池相媲美,但是成本仅有硅太阳能电池的10%～20%。染料敏化太阳能电池中的染料功能类似于植物的叶绿素,可将太阳能转化为电能(见图2-6)。

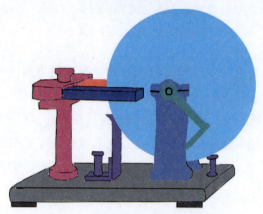

图2-5　法拉第圆盘发电机示意图

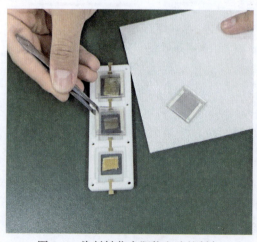

图2-6　染料敏化太阳能电池的制备

(5)蓄电池。我们现在用得最多的充电电池要数锂电池了,其实在锂电池出现之前,存在很多种蓄电池。1859年,法国物理学家普兰特制造了第一个可充电的铅酸电池。1899年,瑞典发明家尤格尔发明了镍镉电池。由于镉金属有剧毒，后来出现了镍铁电池和镍氢电池。日本化学家吉野彰在1985年制造了第一个商业上可行的锂离子电池。

2. 电容器和电感线圈

两块相距很近的平行金属板中间夹上一层绝缘物质就组成了一个最简单的电容器。利用电容器和电感线圈可以实现储能、滤波、调谐、选频等功能。

3. 二极管

利用p型半导体和n型半导体制作的p-n结可实现单向导电的功能。二极管在一定条件下具有稳压的作用。通过发光二极管的发光情况，可以判断电流的方向，且发光二极管的光电转化效率较高。

4. 场效应晶体管

有一种场效应晶体管是利用金属、氧化物、半导体制成的，可实现电路的控制与通断。场效应晶体管的栅极就好像是水管的开关，当我们给栅极一个电信号时，可以控制源极到漏极电流的通断（见图2-7）。

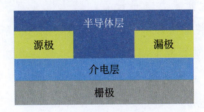

图2-7 场效应晶体管示意图

印刷电子技术

我们在办公室可以打印出文件，图书、报纸是工厂印刷出来的。你有没有想象过，电路也可以通过印刷的方法制作出来。

印刷电子技术是基于印刷原理的电子制造技术，具有低成本、大面积、柔性化的特点。将金属材料、介电材料、半导体材料等制成可以印刷的墨水，在各种衬底上直接制作电路（包括导线、开关、电容、天线、各种晶体管等），可实现数字化和个性化电路制作，低碳环保。印刷电子工艺包括喷墨印刷、孔版印刷、凹版印刷、凸版印刷、平板胶印和纳米压印等。随着新型印刷设备的出现、高性能印刷墨水和新型印刷工艺的开发，印刷电子产品的性能不断提高。

中国科学院苏州纳米技术与纳米仿生研究所印刷电子技术研究中心是国内首个专注于印刷电子技术研究的实验室。研究中心自崔铮研究员于2009年回国创立以来，已经在印刷晶体管、光伏材料、发光材料等方面取得了巨大的进展。崔铮研究员科研团队编著的《印刷电子学：材料、技术及其应用》对国内外及研究中心的科研成果进行了系统介绍。

中国电网体系

电力系统是最复杂的人造动态系统。随着直流输电和新能源的快速发展，中国电网已成为含有大量电力电子设备、跨大区交直流混联的现代电力系统。"十四五"时期，中国将重点发展风电、太阳能发电，积极安全有序发展核电，因地制宜开发水电和其他可再生能源，增强清洁能源供给能力；推动构建新型电力系统，促进新能源占比逐渐提高。中国将加快绿色低碳转型，发展新能源产业，预计到2030年，风电、太阳能发电总装机容量达到12亿千瓦以上。

某饭店入口设置了一扇推拉门，请设计一个电路，实现以下功能：门被拉开时，柜台的提示灯亮起，同时播放"欢迎光临"提示音。请自选器材，设计完成电路。

第 2 章　认识简单的电路

第 2 节　电流的规律

生活物理

插线板、用电器上面都有铭牌，写着额定电流、额定电压等信息。在插线板上插入多个大功率用电器会造成通过插线板的电流过大，超过它的额定电流便会出现危险，甚至发生火灾。近些年，由锂电池及家庭电路短路造成的火灾时有发生，造成巨大的财产损失及生命安全威胁。通过导体的电流和哪些因素有关呢？

科学实验

利用电源、开关、小灯泡连接成一个简单的电路。首先，将一节干电池串联到电路中，闭合开关后观察小灯泡的亮度。然后将两节干电池串联到电路中，再次闭合开关后观察小灯泡的亮度（见图 2-8）。

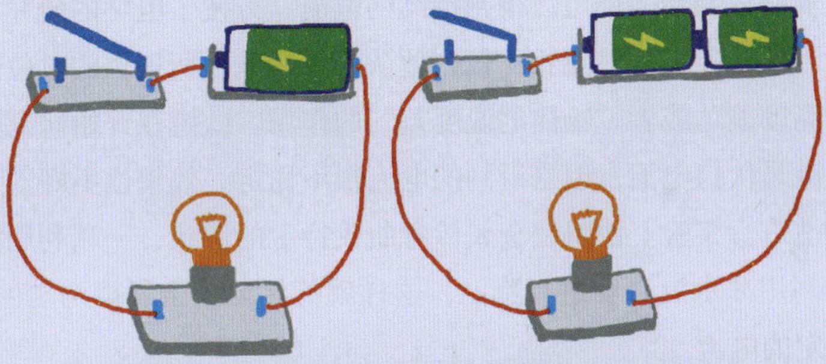

图 2-8　灯泡亮度实验

原来如此

在众多科学家还在研究电流的磁效应时，德国的物理学家乔治·西蒙·欧姆（见图 2-9）就开始了对电流规律的研究。欧姆出生于德国埃尔兰根，1805 年进入埃尔兰根大学，但只读了三个学期便去了瑞士。1811 年，欧姆回到埃尔兰根大学，凭借论文《光线和色彩》获得博士学位。

图 2-9　乔治·西蒙·欧姆

伏打电池的发明使人们可以得到持续的电流，方便了电学的研究。欧姆将电流同水流或者热传导中的热流相比较，他认为伏打电池所提供的电位差起到了类似于"水的高度差"或者"物体的温度差"的作用。欧姆在开始研究电流规律的时候使用的就是伏打电池，但是得到的电流很不稳定，效果也不好。后来他改成使用温差电池进行实验。他将铋金属棒弯曲成特定的形状，一端利用沸水进行加热，另一端利用冰水混合物进行降温，这样就能保证铋金属棒两端的温度固定，从而得到稳定的电流。

欧姆制造了扭秤装置来测量电路中的电流大小。他将导线沿着南北方向放置，在导线上方悬挂一个小磁针，导线中有电流通过时，小磁针会发生转动。导体中的电流越大，小磁针转动的角度越大，这样就可以用小磁针的偏转角度来测量电路中的电流了。欧姆使用相同直径、不同长度的铜线接入电路后进行测量，发现了电流与电阻、电压的定量关系式,也就是我们所熟知的欧姆定律。1826年,欧姆在《化学与物理学杂志》上发表了《金属导电定律的测定》,公布了相关的实验结果。1827年,他在《动力电路的数学研究》一书中利用理论的方法推导了欧姆定律。

欧姆定律在发现初期并没有得到德国科学界的认可,直到很多年后欧姆定律传过英吉利海峡。1841年,英国皇家学会授予欧姆科普利奖章。1843年,英国物理学家惠斯通在贝克利亚讲演中对欧姆定律进行了详细的阐述,高度评价了欧姆的工作,这才让欧姆在自己的国家得到了政府及科学界的重视。1846年,欧姆当选为巴伐利亚科学院院士,1849年被聘为慕尼黑大学教授。为了纪念欧姆的伟大贡献,1881年巴黎第一届国际电气工程师会议决定用欧姆的名字来命名电阻的单位。

欧姆定律对于各种电解液也是适用的,电流与电压呈线性关系,电压与电流的比值是一个固定值;但是对于日光灯里的汞蒸气和电子管、晶体管等元件,欧姆定律是不成立的,电流与电压呈现非线性关系,我们仍可以利用电压和电流的比值来定义其电阻,只是电阻的大小并不固定。

导线等材料的导电性特别好,在相同的长度、横截面积、温度条件下,其具有较小的电阻,容易导电。而橡胶、塑料等材料在相同条件下电阻很大,不容易导电。硅、锗、砷化镓等材料的导电性能介于导体和绝缘体之间,被称为半导体。在半导体材料中掺杂不同种类或浓度的材料,可以改变半导体的电阻大小及导电类型。半导体在集成电路、各种晶体管元件中有着广泛的应用。

半导体物理

完全不含杂质且没有缺陷的纯净半导体称为本征半导体,其导电能力主要由材料的本征激发决定,如纯净的硅、锗、砷化镓等。半导体中可以自由移动的带电粒子称为载流子,本征状态下载流子较少,导电能力介于导体和绝缘体之间。通过对半导体材料进行掺杂可以提高其导电性,如在本征硅材料中进行磷掺杂,可以形成电子导电的n型半导体,而通过硼掺杂可以形成空穴导电的p型半导体。

通过调节掺杂比例，可以较好地控制半导体的导电能力。利用p型半导体、n型半导体、本征半导体进行不同的结构设计可以得到实现不同功能的器件。例如，利用p型半导体和n型半导体制成的p-n结可以实现单向导电，平时生活中看到的发光二极管、硅太阳能电池中也用到了这种结构。利用不同掺杂类型的半导体制成的双极晶体管、场效应晶体管是电子电路的核心元件。

近些年来发展的可印刷半导体材料，由于具有低成本、可满足个性化需求等优点，越来越受到人们的重视。例如，有机半导体材料、透明氧化物半导体材料、半导体单壁碳纳米管材料等，将这些材料制成可印刷的墨水，可实现在任意基底上制作半导体器件。半导体单壁碳纳米管材料不仅具有优越的电学性能、力学性能，高物理化学稳定性，还容易实现溶液化，可制作出高性能的可印刷半导体墨水。

单壁碳纳米管可以看作由单层石墨卷曲而成，由于手性、直径的差异，单壁碳纳米管有的呈现金属导电性，有的呈现半导体导电性。商业化的高纯半导体碳纳米管可实现高性能的半导体器件制作，但是商业化的高纯半导体碳纳米管价格昂贵，不适合大面积应用。单壁碳纳米管中金属碳纳米管的存在严重限制了其在半导体器件中的应用，如何进行半导体碳纳米管的纯化是该领域的一个重要课题。根据金属碳纳米管与半导体碳纳米管物理和化学性能的差异，可以通过生产工艺的改善达到富集某些型号的半导体碳纳米管，也可以通过后期处理、纯化，得到所需的半导体碳纳米管。在选择性分离和纯化半导体碳纳米管的方法中，已经开发出了选择性刻蚀、密度梯度超速离心、电泳、选择性吸附、选择性反应、凝胶色谱、DNA选择性包覆、聚合物选择性包覆等方法。

随着技术的不断进步，半导体碳纳米管在电路中将发挥越来越重要的作用。在制作太阳能电池时，将不同型号的半导体碳纳米管进行混合，可实现对不同波长太阳光的吸收，提高太阳能的利用效率。半导体碳纳米管的纯化及器件制作对实现高性能、低成本、大面积、柔性化电路有着极大的促进作用。利用半导体碳纳米管墨水制备的半导体碳纳米管网络（见图2-10），可以作为薄膜晶体管的半导体层。中国科学院苏州纳米技术与纳米仿生研究所的赵建文研究员从2008年开始便一直从事半导体碳纳米管的选择性分离、高性能薄膜晶体管的构建工作，在可印刷半导体碳纳米管墨水的制备、电路构建方面取得了很大的进展，获得国内外多项专利授权。

图 2-10　半导体碳纳米管网络

半导体科学在中国的发展

中华人民共和国成立前，我国还没有开展半导体科学方面的研究。1953 年 2 月，由钱三强担任团长的中国科学院代表团访问苏联。苏联在半导体科学方面的发展及巨大成就让中国科学家认识到发展半导体产业的重要性。1955 年 2 月，北京大学固体物理专业开设半导体物理课程。1956 年，半导体技术被列入中国《十二年科学技术发展远景规划》。北京大学、复旦大学、南京大学、厦门大学、东北人民大学（吉林大学前身）共同组建了中国第一个五校联合的半导体专业，由黄昆担任主任，谢希德担任副主任。

1956 年，中国科学院原应用物理研究所的电学组扩建为半导体研究室。1957 年 11 月，研究室拉制成功中国第一根锗单晶，首次研制成功合金结锗晶体管和金键二极管。1958 年 7 月，研究室拉制成功中国第一根硅单晶，并于 1959 年实现实用化。1959 年 5 月，按照中国科学院的指示，中国科学院物理研究所开始了将半导体研究室扩建为半导体所的准备。1960 年 9 月 6 日，经国家科学技术委员会批准，中国科学院半导体研究所正式成立。

中国科学院半导体研究所开启了中国半导体科学技术的发展之路，该研究所拥有两个国家级研究中心、三个国家重点实验室、两个院级实验室，成为集半导体物理、材料、器件研究及其系统集成应用于一体的国家级半导体科学技术的综合性研究机构。

中国半导体界的先驱黄昆教授一生致力于我国半导体科学的发展。1951年，黄昆担任北京大学物理系教授，后又担任固体物理教研室主任，并创立了半导体物理课程。1958年秋，黄昆和谢希德合著的《半导体物理学》问世，指导了我国半导体物理专业的无数学生及相关科研工作者。1977年，黄昆调任中国科学院半导体所担任所长，为中国半导体事业的发展做出了卓越的贡献。

小试牛刀

1. 欧姆定律的适用范围是如何界定的？请查阅资料进行相关说明。

2. 半导体材料的电阻和哪些因素有关？当温度升高时，半导体材料的电阻如何变化？请查阅资料进行简单解释。

第3节 重要的发现——焦耳定律

生活物理

我们在使用插排时,如果接入的用电器功率过大,有时候会出现插座口被烧焦或烧化的迹象;电路发生短路时也可能会导致电线着火,给生产生活造成极大的财产损失并威胁人身安全。电流通过导体时会产生热,称为电流的热效应。如果合理地利用热效应,可以极大地方便我们的生活。例如,利用这种现象制成的白炽灯、电熨斗、电热水器、电饭煲等。为了能够更好地利用电流的这种效应,同时避免这种效应对我们的危害,了解电流产生热量多少的影响因素十分重要。

科学实验

利用一节干电池、两把钥匙、一段铜丝,可以制作一个简易电热切割器(见图2-11),可用来切割小型的塑料、泡沫等。注意使用时戴上手套,小心烫伤。

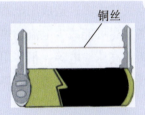

图2-11 简易电热切割器

原来如此

18世纪末,人们认为热是一种没有质量的气体,物体吸收热质后温度升高,热质可以从高温物体流向低温物体。焦耳认为热是原子的运动,热传递的实质是原子运动的能量之间的转移。焦耳通过一系列的实验进行精确测量,证明了他的观点。

焦耳将通电线圈放入水中,测量出水升高的温度,从而计算出热量。水温的升高是由电能转化引起的，这样产生的热称为焦耳热。焦耳发现，电流通过导体产生的热量跟电流的二次方成正比，跟导体的电阻成正比，跟通电时间成正比。此后不久，俄国物理学家海因里希·楞次公布了他的大量实验结果，进一步验证了焦耳关于电流热效应结论的正确性。因此，焦耳定律也被称为焦耳－楞次定律，写成表达式形式为 $Q=I^2Rt$。

对于纯电阻元件，通电之后电能全部转化为内能，电功和电热是相等的，我们可以利用电功的公式结合欧姆定律推导出焦耳定律的内容，可以利用电功的公式直接计算出产生的热量。但是对于非纯电阻，如电风扇、电冰箱、日光灯、电解槽等用电器会将消耗的电能转化为内能和其他形式的能量，用电器产生的内能小于消耗的电能，此时欧姆定律公式不再适用，用电器产生的热量只能用焦耳定律公式来计算。

我们生活中的很多用电器都利用了电流的热效应。例如，作为照明用的白炽灯自发明以来被使用了上百年；汽车除霜、暖风等功能也都利用了这个物理原理。但是，在使用导线输电过程中，线路上产生的热量白白浪费了大量的电能；家用电器发热太多，造成用电器温度过高，会影响其使用寿命……因此，在一些场景下需要尽可能减少电流的热效应。例如，家用电线一般使用较粗的铜导线，进行远距离高压输电等。很多用电器有散热装置，而很多研究所的大型实验装置及工厂设备一般会采用循环水降温的方法来保持设备正常工作。

科学家詹姆斯·焦耳

19世纪杰出的实验物理学家焦耳（见图2-12）虽然没有受过正规的教育，但其卓越的物理学成就使其名字家喻户晓。为了纪念这位伟大的科学家，能量的国际单位用焦耳来命名。

焦耳在电流的热效应方面做出了巨大贡献，证明了电和热之间的能量转化及能量守恒关系。通过大量的实验研究，焦耳发现了机械能和内能之间的定量关系，精确测定了热功当量。当机械能固定时，其所做功而产生的热也是固定的。1848年，焦耳通过实验第一次精确测定了气体分子的运动速度，并成为杜林皇家科学会会员。1852年，焦耳和汤姆逊一起发现了焦耳－汤姆逊效应，这一发现成为获得低温的主要方法之一，在低温技术方面有着广泛的应用。

焦耳的巨大成就给他带来了很多的荣誉。焦耳32岁时便成为英国皇家学会院士，34岁时获得皇家奖章，39岁时获颁爱尔兰都柏林圣三一学院荣誉博士学位，42岁时荣膺牛津大学荣誉博士学位并当选曼彻斯特文学与哲学学会主席，52岁时荣获世界上最古老、最著名的科学奖——科普利奖章，53岁时获得爱丁堡大学荣誉博士学位并出任英国科学促进会主席。

焦耳还是一位反战人士，他临终前在纸条上写道："我已感到科学逐渐走向一个危机——科学的误用，特别是把科学用在战争武器的研发上，这将导致人类文明的灭亡……"位于曼彻斯特城郊的焦耳的墓碑上刻有"772.55"，这是他在1843年测量出的热功当量值。焦耳留给我们宝贵的科学遗产，还有一句警世恒言："对自然及其规律的研究是一项基本而神圣的任务，它对年轻一代的教育是非常重要甚至是必不可少的。"

图2-12　焦耳

中国的超导输电

通电导体产生的热量与电流大小、电阻大小和通电时间有关系。电力传输过程中，由于电流的热效应，将会有大量的电能损失。减少电力传输过程中的发热量可以采用降低电流或者减小电阻的方法来实现。电力传输过程中一般是采用高压输电的方法来降低电流的。

我们设想，如果导线的电阻为零，那么导线的发热量也是零，输电过程中将不再有电能损失，具有巨大的发展前景。一些物质的电阻在很低的温度时会变成零，呈现出超导态。一般的超导体需要保持很低的温度，如1911年由荷兰物理学家海克·昂内斯首次发现的汞超导现象需要在-268.95℃以下，利用液氦进行降温，但氦资源在地球上的储量很少，成本较高。1987年，美国华裔科学家朱经武和中国科学院物理研究所赵忠贤发现 Y-Ba-Cu-O 超导体转变温度可以达到 -183.15℃，首次达到液氮温区（-196.15℃）。不断提高的超导临界温度使超导体应用在我们的生活中成为可能。

中国科学院高能物理研究所于 2015 年开始对国产化特种电缆进行技术攻关，2018 年开始研制铝基卢瑟福超导电缆。经过几年的艰苦努力，历经百余次工艺试验，在 2020 年年初，成功完成了 3 条截面尺寸为 4.7 mm×15 mm、长度为 1500 m 的铝基卢瑟福超导电缆的研制，为国内首次实现生产。

2021 年 12 月 22 日，世界首条 35 kV 千米级超导电缆示范工程在上海投运。经过多年的技术攻关，中国在新型电力系统建设领域关键技术上取得了重大突破。利用超导电缆输电可以有效解决窄通道、大容量的输电难题，消除负荷热点地区供电"卡脖子"现象。本条线路位于上海市徐汇区长春变电站和漕溪变电站两座 220 kV 变电站之间，线路全长 1.2 km，设计电流达到 2200 A，是目前世界上输送容量最大、线路最长、全商业化运行的 35 kV 高温超导电缆。一条 35 kV 的超导电缆可以替代 4～6 条相同电压等级的传统电缆，可以节省 70% 的地下管廊空间，适用于城市中心区域大容量的电能输送。由于超导线路电阻为零，传输过程中不产生热量，有助于节约能源，低碳环保。

现在的超导材料的超导临界温度依然较低，一般需要使用液氮来降温，随着科技的发展及超导临界温度的提高，超导电缆的制造成本将进一步降低，其在输电工程中将发挥更大的作用。

小试牛刀

1. 近几年，中国在电力传输过程中的线路损失率和损失的电能是多少？中国的电能损失率是如何变化的，电能损失量又是如何变化的？请根据相关数据计算说明。

2. 请查阅相关资料，计算在相同条件下，将铝导线更换为铜导线可以减少多少电能损失。

第4节 测量电路的小能手——万用表

生活物理

我们在做电学实验或相关检测时，可以利用电流表测量通过用电器的电流值，用电压表测量用电器两端的电压。根据电流、电压和电阻之间的关系，可以利用电流表和电压表测量后计算未知电阻的阻值。为了保证测量的准确性，测量不同范围的值，需要选用不同量程的仪表。电气工程师在检修电路等过程中经常需要测量电流、电压和电阻，如果有一种仪表可以同时测量这些物理量，还能调节不同的量程，将会在很大程度上提高工作效率。万用表的发明就极大地方便了电气工程师进行维修检测。我们现在常见的一种指针式万用表如图2-13所示。那么，万用表是如何工作的呢？

图2-13 指针式万用表

科学实验

图2-14所示是我们常见的一种夹子，它含有一个金属弹簧。尝试用较小的力捏动夹子，观察夹子开口的大小；增大捏夹子的力，观察夹子的开口变化。

我们给夹子施加一个力时，金属弹簧受到力矩作用而发生转动，同时金属弹簧会产生一个相反的力矩，达到平衡。弹簧发生的形变和力的大小是一一对应的。我们可以根据弹簧的形变大小来判断力的大小。

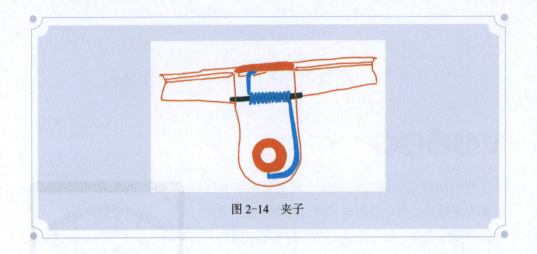

图 2-14 夹子

原来如此

1. 电流表

为了理解万用表的工作原理,我们先来分析一下电流表是如何工作的。

磁电式电流表是中学实验室中用来测量通过用电器电流大小的常用测量工具。通电导线在磁场中受到的力称为安培力,力的大小与电磁感应强度、电流大小、导线长度等因素有关。磁场中的通电线圈由于左右两边所受安培力的方向相反而发生转动。线圈转动带动螺旋弹簧发生旋转,产生阻碍线圈转动的力,最终达到平衡。螺旋弹簧转动的幅度与通过线圈的电流大小是一一对应的,通过指针的偏转角度便可以知道电流的大小(见图 2-15)。

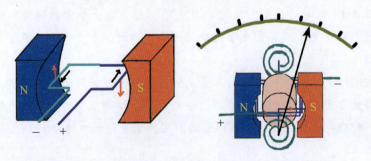

图 2-15 通电线圈在磁场中受到力的作用及电流测量原理

如果电流表指针满偏时所对应的电流为 i，电流表的电阻为 R_0，我们用图 2-16（a）所示的电路来表示，测量的电流 I_1 的变化范围为 $0\sim i$。给这个电流表并联一个阻值为 R_0 的定值电阻，根据并联电路的电流规律可以知道，测量的电流 I_2 的变化范围为 $0\sim 2i$，如图 2-16（b）所示，这样就可以测量更大的电流值了。同理，利用图 2-16（c）所示的电路，所测电流 I_3 最大可以到 $3i$。通过这种方式调节电流表的电路连接方式，就可以调节电流表的量程。

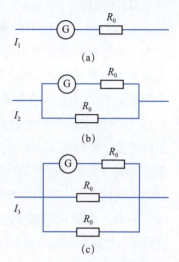

图 2-16　电流表量程的调节

2. 电压表

在电流表中串联一个定值电阻，就可以将电流表改装成电压表。串联一个阻值为 $99R_0$ 的定值电阻，它们两端的总电压最大为 u，则 U_1 的变化范围为 $0\sim u$，如图 2-17（a）所示。如果将串联的定值电阻更换为 $999\,R_0$，则 U_2 的变化范围为 $0\sim 10u$，如图 2-17（b）所示。继续调整串联电阻的阻值为 $9999\,R_0$，则 U_3 的变化范围为 $0\sim 100u$，如图 2-17（c）所示。仅仅通过改变接入电路的电阻的阻值大小就可以方便地测量不同范围的电压了。

3. 欧姆表

根据欧姆定律可知，测量出电流和电压，就可以计算出未知电阻的阻值。经过前面的介绍我们知道，可以通过电路连接的调整来测量电压和电流。我们给电流表串联一个电池和一个定值电阻，形成闭合回路，电池的电压为 U，定值电阻的阻值为 R，此时电流表指示的位置我们规定为 $0\,\Omega$，表示电路中接入的待测电阻阻值为 0，如图 2-18（a）所示。将待测电阻接入电路中，如图 2-18（b）所示，那么此时电流表的示数为 $I=U/(R_0+R+R_x)$，电流表指针的位置和待测电阻阻值是一一对应的，这样就可以根据电流值算出待

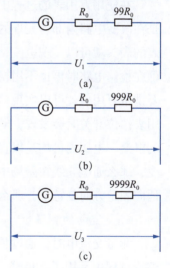

图 2-17　电压表量程的调节

测电阻的阻值了。

电池在使用过程中，随着电能的消耗，内阻会变大，指针所指的位置不再是我们规定的 0 Ω 位置，电流表的示数变为 $I=U/(R_0+R+R_x+R_{内阻})$。为了解决这个问题，我们在电路中串联一个调零电阻 $R_{调}$，如图 2-18（c）所示。待测电阻为零时，我们调节调零电阻的阻值，使得电流表指针指到 0 Ω 位置。当电池内阻增大时，我们只需要调小调零电阻的阻值就可以补偿电池的内阻了。我们再次接入待测电阻，如图 2-18（d）所示，电路中通过的电流 $I=U/(R_0+R+R_x+R_{调})$，这样就可以准确方便地测量未知电阻的阻值了。

4. 万用表

在使用万用表的过程中，转动挡位调节旋钮，就是在改变电路内部各元件的连接方式，仅仅使用电流表的表头就可以实现电流、电压和电阻的测量。工程师在检修电路时再也不用携带众多的检测工具，只需要携带万用表就可以实现多个物理量的测量。观察万

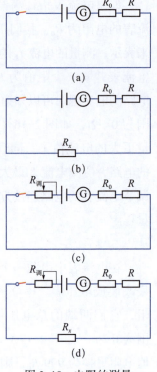

图 2-18　电阻的测量

用表挡位开关时会发现，电流和电压挡都分为直流电和交流电，而我们刚刚介绍的电流、电压测量均是以直流电为例的。交流电的瞬时电流大小和方向一直在改变，那么通电导线在磁场中受力的方向也是在不断变化的，这样指针就无法稳定地向固定方向偏转了。那么，如何测量交流电的电流和电压呢？

5. 交流电的测量

测量交流电时，通过整流的方式将其转化为直流电，再进行相应的测量。在整流过程中利用了二极管，可实现电路中部分电路的单向导电。图 2-19（a）和（b）所示是交流电的两种整流方式。如果图中电路左正右负，那么电流的路径如图 2-19（c）和（d）所示；反之，电流的路径如图 2-19（e）和（f）所示。通过比较发现，接入交流电时，这两种方式都可以避免电流表的反偏。

交流电电流、电压测量量程的选择，可以通过并联或串联电阻的方式实现，其电路简单，成本较低；也可以通过电流互感器调节电路量程，减少功率损耗。

我们在后面学习过电磁感应的相关知识后可以尝试设计相应的电路。

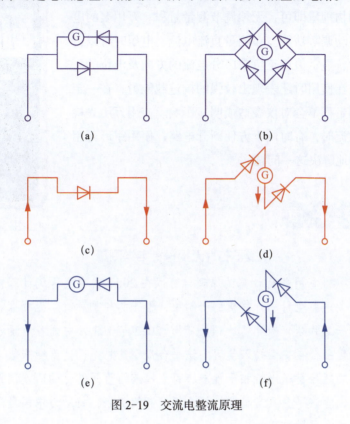

图 2-19　交流电整流原理

数字万用表

数字万用表（见图 2-20）在 20 世纪 60 年代问世，由于具有灵敏度高、读数直观、便于携带等优点，逐步替代指针式万用表而成为电路检测中主要使用的工具。

数字万用表是在数字电压表的基础上扩展而成的，它利用数模转换器将电压的模拟信号转换为数字信号，经过显示器显示。如果要测量直流电流、交流电压、电阻、电容等物理量，只需要增加相应的转换电路就可以实现。有些万用表还实现了自动量程选择，在使用时只需要将挡位开关转动到相应的物理量即可，无须调节测量量程。万用表的电阻挡具有自动调零功能。在测量直流电流、电压时可以自动判别极性，显示值以正负来区分电流的方向及电位的高低。万用表在使用时还表现出较强的抗过载能力，在一定范围内，超量程不会对仪表造成明显影响。使用万用表检测电路的电流时，有时候不方便断开电路，使用钳形万用表可以很好地解决这一问题。

图 2-20　数字万用表

科学中国

量子芯片无损探针电学测量

量子计算机利用并行计算的原理，可以在 200 s 内完成传统计算机 1 万年才能完成的任务。而在量子计算机的研制中，量子芯片是关键。无损探针电学测量平台使得量子芯片生产有了"火眼金睛"。2022 年年底，中国首个量子芯片无损探针电学测量平台在安徽投入使用。该平台最小测量范围达到微米级，且在测量过程中不影响超导量子比特相干性能，可大幅缩短量子芯片的研发周期，提高芯片的良品比例。该平台具有稳定性好、精度高的优点，将助力中国量子计算的研究及产业化走在世界前列。

小试牛刀

1. 尝试利用万用表测量身边一些导体的电阻、遥控器干路的电流值，以及不同品牌五号电池的电压。

2. 指针式万用表欧姆挡位的刻度为什么是不均匀的？

第 3 章
"隐身"的磁场

第 3 章 "隐身"的磁场

第 1 节　磁是如何产生的？

生活物理

不知道大家有没有拆过废弃的扬声器，就为了拿到其中的磁体。利用拆下来的磁体可以做很多好玩的事情，如可以从沙子里面吸出铁屑，看谁吸出来的铁屑更多。也许大家还拿两个磁体玩过磁体之间相互追逐或者排斥的游戏。用绳子拴住一块磁体，拖着它在草丛或者小路上转一圈，还可能有意外的收获，就像"开盲盒"。为什么开出来的盲盒一般只是一些铁钉、钥匙、弹簧之类的东西（见图 3-1），从没有吸到过铜币、铅笔或者邮票？是运气不够好吗？让我们一起来揭开磁的面纱吧。

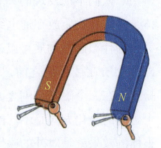

图 3-1　磁体吸引不同物体

科学实验

用磁体沿着一个方向打磨缝衣针，然后将缝衣针穿在一小块塑料片上，放在水中（见图 3-2），观察缝衣针的指向。改变磁体打磨的方向或者使用不同的磁极进行打磨，观察缝衣针指向的变化。

图 3-2　自制指南针

原来如此

中国古代人民在磁学领域做出了巨大的贡献。在春秋战国时期，人们就开始认识了天然磁石，《管子·地数篇》《鬼谷子》《吕氏春秋·精通》等书中都有相关记载。东汉著名思想家王充所著的《论衡》中描述的"司南之杓"是最早的指南工具。河北磁县因附近盛产磁石而得名，古称慈州和磁州。北宋科学家沈括在《梦溪笔谈》中记载了利用强磁体摩擦磁化制作指南针的方法，还首先发现了磁偏角。人们早期发现的天然铁矿石的成分主要是四氧化三铁，而近代制造人工磁体是将磁性物质放在通电线圈中进行磁化的。

为什么磁性物质可以被磁化呢？磁性物质在被磁化前后的变化又是什么呢？磁性物质在被磁化之前，可以分为很多个小区域，每个小区域称为磁畴（见图3-3）。在一个磁畴范围之内是表现出磁性的，我们可以将其看成一个小磁体。每个磁畴的磁化方向是不同的，就好像很多个小磁体在里面杂乱无章地排列，这样整体的效果就是对外的磁性相互抵消了。将磁性材料放在磁场中，各个磁畴区域的磁性变化成和外加磁场一致，各个磁畴形成的磁场方向同向排列，这样整体上磁体就表现出了磁性，即被磁化了。

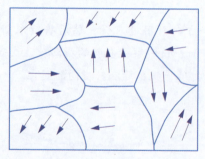

图 3-3 磁畴

磁体之所以可以吸引铁、钴、镍，是因为铁、钴、镍在接近磁体时被磁化，形成了新的磁体。磁体具有同名磁极相互排斥、异名磁极相互吸引的性质，这样就可以使用磁体吸引物体了。由于磁体吸引的一些磁性材料属于软磁材料，磁性不能长期保持，将磁体拿走之后，被吸引的这些材料很快就失去了磁性。

物体的磁性究竟是从哪里来的呢？19世纪法国科学家安德烈·安培提出了分子环流假说：环形电流形成了磁体中的最小磁性单元，分子环流按照一定的方向排列起来，宏观上就表现出磁性，形成N极和S极。如图3-4（a）所示，当分子环流沿着逆时针方向时，根据安培定则，正对我们的是N极。反之，如图3-4（b）所示，正对我们的是S极。环形电流是哪儿来的呢？原子是由原子核和核外电子构成的，核外电子在不停地围绕原子核旋转，并且还有自旋。正是电子在微观粒子中的这些运动产生了分子环流。

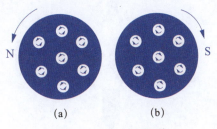

图3-4 分子环流假说

被磁化的磁体失去磁性的过程称为退磁。退磁的方法有哪些呢？一种方法是让磁体剧烈振动，使磁体内部结构发生变化，从而磁性消失。还有一种方法是提高温度。当磁体的温度高于临界温度时，可以让磁体的磁性发生转变，磁体内部的磁性变得杂乱无章，方向各异。有的磁性材料临界温度较高，在高温加热过程中可能会对磁体的结构产生破坏性影响。应用最多的退磁方法是利用交变磁场进行退磁。将磁体放在交变磁场中，初始的交变磁场强度较大，不断改变磁场方向。磁场方向每改变一次，就减小一下交变磁场的强度，使其不断趋近于0，最终使磁体达到退磁状态。

我们看到的宏观磁体都是同时具有N极和S极，将条形磁体从中间切开，在断面会形成新的N极和S极（见图3-5）。有没有某种粒子仅仅存在N极或S极呢？可以肯定的是，目前科学家还没有从实验中观测到磁单极子的存在。但是，现有的物理学理论并不排斥磁单极子的存在。相反，磁单极子的存在还能使现有的电磁理论更加对称、更加完美。理论发现，如果磁单极子存在，那么电荷量必须是量子化的。带电粒子所带的电荷量必须是某个电荷量的整数倍，而这个结果科学家已经从实验中进行了测定和证实。从某种程度上讲，磁单极子存在的可能性好像增加了。现在科学家正在开展实验，尝试从质子对撞实验中寻找磁单极子。如果真的发现磁单极子，将给物理学的发展及我们的生产生活带来深远影响。

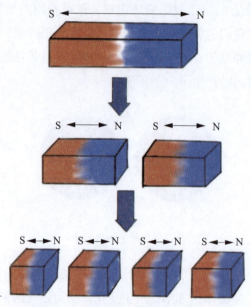

图 3-5　磁体断开形成新的磁极

法国物理学家弗朗索瓦·阿拉果在悬挂的磁体下面放置可自由转动的铜圆盘，发现在转动磁体时，铜圆盘会跟着转动；在转动铜圆盘时，磁体也会跟着转动。这个实验难倒了当时的科学家，被称为"神秘的实验"。英国物理学家迈克尔·法拉第（见图 3-6）在尝试解释这个实验现象时，产生了"磁力线"的观念。"磁力线"就是我们现在所说的磁感线。在磁体上放一张白纸，在白纸上撒上铁屑，轻轻敲击白纸，铁屑排成了规则的图形。法拉第利用这种方法画出了条形磁体、蹄形磁体的磁感线，建立了磁场的概念。借助磁感线可以清晰地展示出磁场的很多性质，磁感线是建立电磁场理论的桥梁。法拉第一生的主要科学

图 3-6　迈克尔·法拉第

贡献记录在巨著《电学实验研究》中，该著作分为三卷本，对法拉第所做的实验进行了详细的记录，是法拉第一生汗水的结晶。关于法拉第对阿拉果"神秘的实验"的解释，我们将在本章第 3 节进行介绍。

磁性斯格明子

我们在生活中看到的磁体有两个磁极，磁体中磁畴的磁性方向沿着同一个方向排列。英国原子能科学研究院的粒子物理学家托尼·斯格明于 1962 年预测出斯格明子的存在。磁性斯格明子的三维结构就像一个刺猬球，如图 3-7（a）和（b）所示，类似于一个等效的"磁单极"。在二维平面上，斯格明子形成一个个涡旋结构，如图 3-7（c）和（d）所示。斯格明子的磁性指向并不固定，而是逐渐变化、翻转的。早期发现存在斯格明子结构的材料一般需要在较低的温度下、一定的磁场中才能存在，近些年已经发现了室温斯格明子材料、零场高密度斯格明子材料。

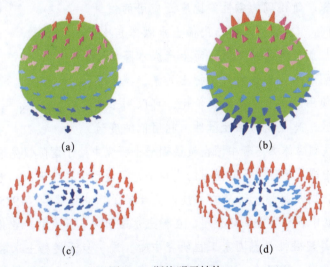

图 3-7 斯格明子结构

中国科学院强磁场科学中心杜海峰研究员长期从事受限结构的磁性斯格明

子研究。将斯格明子材料加工成纳米条带、纳米盘等结构，可以有效地实现对斯格明子的调控和驱动。自从巨磁阻效应被发现以来，硬盘存储容量发生了革新性的变化，存储密度不断增大。随着时代的发展及加工工艺水平的不断提高，当前硬盘存储面临的量子极限问题也日益凸显。磁性斯格明子具有尺寸小、稳定性高等特点，可以利用超低密度的电流来驱动，可以有效减少纳米器件上产生的焦耳热。将斯格明子作为赛道存储单元可以极大地提高存储密度，在未来的磁信息存储技术中具有广泛的应用前景。

科学中国

钕铁硼永磁材料

中国科学院物理研究所磁学组和中国科学院电子研究所稀土磁钢组在王震西（见图3-8）的带领下于1984年春成功研制出第三代稀土永磁材料——钕铁硼，使中国成为美、日之后第三个可以制造这种新材料的国家。钕铁硼的磁性能比广泛应用的铁氧体磁体高10倍。与第一、第二代稀土永磁体相比，钕铁硼的磁性能提高了约1倍，而生产成本降低了很多。钕铁硼永磁体用铁替代了稀土元素，减少了战略资源的使用，具有很高的性价比，可以制造体积小、重量轻、高性能的磁性器件。利用低纯度钕

图3-8 王震西院士

材料制作钕铁硼磁体标志着中国在钕铁硼稀土研究中处于国际领先地位。

在时任中国科学院院长周光召的支持下，王震西带领物理所、电子所、电工所、长春应化所从事稀土研究的科技人员开展了产业化试验。1985年4月在北京中关村成立中国科学院三环公司，在稀土永磁研究、开发和产业化方面进行探索。1995年筹建磁性材料国家工程研究中心，进一步开展稀土永磁及其应用产品的研究、开发。2001年，中国的钕铁硼产量超越日本，居世界第一位。2020年，中国的钕铁硼产量达到18万吨以上，占据世界钕铁硼产量的90%以上，成为钕铁硼材料的主要生产国。钕铁硼材料广泛应用于音圈电机、手机、计算

机、电动自行车、工业机器人、新能源汽车、轨道交通等领域，具有广阔的发展前景。

钕铁硼研究及产业化的带头人，中国工程院院士王震西说过，科技以人为本，发展高科技、实现产业化最根本的是要依靠一批具有高素质，并为实现目标而不畏艰险、勇于探索的科研和工程技术人员。科技是第一生产力，国家的发展与竞争离不开科技的竞争，而科学的进步离不开人才的支撑。正是中国科技工作者忘我的工作热情及对科学的热爱让我们国家的发展取得今天的进步。

小试牛刀

1. 利用磁体摩擦的方法将大头针磁化，尝试使用不同的方法对大头针进行退磁处理。如何检测大头针退磁后的效果？
2. 请查阅相关资料，了解现在常见的永磁材料。

第2节 发射高速带电粒子的"炮"

生活物理

在中世纪，世界上很多国家研究过"炼金术"，期待将普通的材料炼制成贵金属，尤其是黄金（见图3-9）。我们可以将铁变成黄金吗？如果实现了，那我们不就都变成富翁了吗？学习了化学知识以后我们知道，铁是由铁原子组成的，而黄金是由金原子组成的。无论发生什么化学变化，铁都不可能变成金。我们学习了原子的组成，知道原子是由原子核和核外电子构成的，而原子核是由质子和中子构成的。不同元素的差别在于它们原子核中的质子数不同。嗯？我们好像发现了一个致富途径，我们能不能将原子核中的质子数和中子数进行重组来得到其他物质呢？

图3-9 炼金术

实际上，我们要想通过人工的方法将原子核打开是非常不容易的，因为这需要极大的能量。如果我们能有一个大炮，发射出速度足够快的炮弹，是不是就可以轰开原子核了呢？实际上，科学家已经利用这种方法制造出了多种自然界中原来不存在的原子。你想知道他们的"大炮"是如何制造的吗？

第3章 "隐身"的磁场

科学实验

一辆停放的自行车，我们如何让车轮转动的速度比较快？用手给车轮施加一个力即可（见图3-10）。如果觉得自行车车轮的转速还不够快怎么办？那就再给它施加几次让它转动的力，直到你满意为止。我们还是比较容易就能使车轮高速运动的。但是，要让一个没有动力的小车沿着一个方向加速运动，我们就只能追着小车给它加速了。

图3-10 转车轮游戏

原来如此

通过前面的学习我们知道，带电粒子在电场中会受到力的作用，力的方向和场的方向在同一条直线上。我们给两个平行板电极加一个电压，这样带电粒子就可以用它来进行加速了。直线加速器就是利用这个原理实现带电粒子加速的。增大加速电压就可以使带电粒子达到很高的速度。例如，要把电子加速到几万电子伏（eV），就需要加几万伏的电压。在高压的条件下，还需要采取措施避免击穿。要想将带电粒子加速到更高的速度，需要将多个加速器排列成一条直线，进行多次加速，整个加速器成本很高。如果电子能够拐弯旋转回到加速器的出发点重新进入电场加速，就不需要建设很长的加速器了。而磁场恰恰可以帮我们完成这个任务。

当带电粒子在磁场中运动时，会受到磁场力的作用，该力称为洛伦兹力。洛伦兹力的大小与电荷大小、带电粒子的运动速度、磁场强弱、磁场与运动方向的夹角有关，用公式可以表示为 $F=qvB\sin\theta$，是荷兰物理学家亨德里克·洛伦兹于1895年提出的。洛伦兹力与带电粒子的运动方向、磁场方向均垂直，且与带电粒子所带电荷的种类有关。若磁场方向垂直向里，带正电荷的粒子速度向右，则洛伦兹力向上（见图3-11）。由于洛伦兹力的方向与带电粒子的速度方向垂直，洛伦兹力不能改变带电粒子的速度，而只能改变其运动方向。这样我们就可以利用磁场来让带电粒子转弯了。

图3-11　带电粒子在磁场中受到洛伦兹力

让电场和磁场一起协助我们给带电粒子加速的装置就是现在经常用的回旋加速器。将一个扁圆的金属盒从中间切开，每一半金属盒就像一个字母D，如图3-12（a）所示。两个金属盒中间留一定的距离，且在它们中间加上变化的电压，使得带电粒子在两个金属盒之间加速。如图3-12（b）所示，一个带正电荷的带电粒子在两个金属盒中间向上运动，被电场加速。经过一次加速后，带电粒子进入金属盒 D_1 区域，由于只存在磁场，带电粒子在洛伦兹力的作用下拐弯，最后离开 D_1 区域，再次进入两个金属盒之间的电场中。此时，加在两个金属盒之间的电压反向，让带电粒子二次加速，然后进入 D_2 区域，如此循环。带电粒子在电场中被连续多次加速后，就成为能量较大的"炮弹"了。

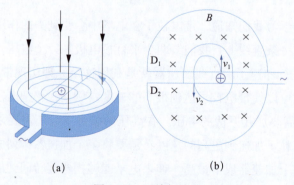

(a)　　　　　　　　(b)

图3-12　回旋加速器

回旋加速器是美国物理学家欧内斯特·劳伦斯于1929年在美国加州大学伯

克利分校发明的。1930 年春，劳伦斯指导研究生制作了 4 英寸回旋加速器模型，他在《科学》杂志上发表论文《关于高速质子的产生》，成为回旋加速器发展的基础。1932 年，劳伦斯制造的 11 英寸回旋加速器可以将质子加速到 1 MeV 以上。劳伦斯发明回旋加速器的重要成果之一是产生人工放射性物质。在劳伦斯的实验室里产生了第一个人造元素——锝。它是利用回旋加速器加速的氘核轰击钼靶元素得到的。用回旋加速器"点石成金"真的实现了，我们得到了比黄金更重要的东西。

同步辐射装置

同步辐射在材料学、化学、生命科学、地矿科学等领域都有广泛的应用。利用加速器将带电粒子加速到接近光速，当带电粒子沿着曲线运动时，会在切线方向发出电磁辐射。1947 年，在美国通用电气公司实验室的一台 70 MeV 的电子同步加速器上首先观察到了这种辐射，被称为同步辐射。要从实验中观察到这种辐射，需要有高速运动的高能电子，而电子加速器的发展为同步辐射的研究提供了条件。

美国康奈尔大学、美国国家标准局、日本东京大学等均较早开始利用同步加速器引出同步辐射，对多种材料的吸收谱进行研究，并取得了很多重要成果。世界各地在能量较高的同步加速器上开展了很多同步辐射研究。早期的同步辐射都是利用同步加速器在做高能物理实验时引出的，其装置被称为第一代同步辐射光源。

1975 年，日本东京大学建成了第一个 400 MeV 的专用同步辐射装置，世界各地也都开始建设专用的同步辐射装置，这些装置称为第二代同步辐射光源。1989 年 4 月，由中国科学技术大学筹备建设的 800 MeV 第二代同步辐射装置（合肥光源）发出第一束光（合肥光源于 2015 年年初完成重大升级改造，提高了加速器总体性能）。

随着插入件技术的发展及应用，同步辐射装置可以建设得非常小，产生的同步光束流具有稳定且亮度高等优越品质，被称为第三代同步辐射光源。例如，位于法国格勒诺布尔的欧洲同步辐射光源，日本的 Spring-8 同步辐射光源。1993

年 4 月，位于中国台湾新竹的 1.3 GeV 第三代同步辐射光源试车成功。2009 年，在中国上海建成 3.5 GeV 的同步辐射光源，2015 年年初，3 GeV 的同步辐射光源在中国台湾新竹落成，并于 2015 年年底实现 520 mA 的储存电流。现在世界上正在运行的同步辐射光源也主要以第三代为主。

中国第四代同步辐射预研验证装置于 2019 年年初在北京通过国家验收，表明在北京怀柔科学城建设的高能同步辐射光源在技术上和装备制造能力上都是可行的，预计 2025 年年底建成（见图 3-13）。第四代同步辐射光源比先前的同步辐射光源具有更高的亮度，可以帮助科学家更清楚地看到材料内部结构。中国各个同步辐射装置都有各自不同的特点，在不同的科学研究领域持续发挥重要作用。

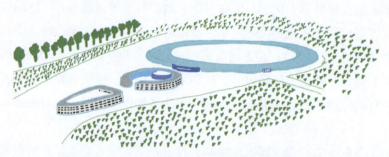

图 3-13　位于北京怀柔的第四代同步辐射光源俯瞰图

中国原子能科学研究院与回旋加速器

1958 年，中国原子能科学研究院建成中国第一台回旋加速器（见图 3-14），其直径为 1.2 m，可以将氘核加速到 12.5 MeV，将 α 粒子加速到 25 MeV。这台加速器工作了 30 年，为中国"两弹一星"的关键技术攻关做出巨大贡献。1994 年，原子能科学研究院研制成功 30 MeV 强流质子回旋加速器，用于生产医学和工业所用的放射性同位素。这台加速器的运行不仅可以向国内供给产品，还具有一定的出口能力。2009 年 12 月 28 日，中国研制出的 10 MeV 小型回旋加速器通过技术成果鉴定，为中国小型回旋加速器的批量生产奠定了基础。2014年，原子能科学研究院建成100 MeV紧凑型强流质子回旋加速器，其性能指标达到了国际领先水平，"能量最高质子回旋加速器首次出束"被评为2014年中国十大科技进展新闻。2022年12月28日，原子能科学研究院攻坚克难，全面完成了230 MeV超导回旋加速器自主研制任务，各项技术性能均达到设计指标，标志着中国已经全面掌握超导回旋加速器核心技术。该加速器具有体积小、功耗低、束流强度高等特点，适用于多种肿瘤治疗。

图3-14　中国第一台回旋加速器

中国也制定了回旋加速器方面的相关标准，2017年发布的《10 MeV～20 MeV范围内固定能量强流质子回旋加速器》（GB/T 34127-2017）、《15 MeV～30 MeV可变能量强流质子回旋加速器》（GB/T 34126-2017），是中国在回旋加速器领域的首批国家标准。2022年发布的《230 MeV～250 MeV超导质子回旋加速器》（GB/T 41985-2022），是中国首个超导回旋加速器领域国家标准，逐步完善了回旋加速器的国内市场。

中国还积极参与回旋加速器国际标准的制定。2021年11月29日，由中国原子能科学研究院主导编制的全球首个回旋加速器国际标准《10 MeV～30 MeV范围内固定能量强流质子回旋加速器》（IEC63175-2021）正式发布，填补了回旋加速器国际标准的空白。这将有效带动中国回旋加速器创新研发及推广，中国自主研发的回旋加速器也将在国际市场上占据更重要的地位。

 小试牛刀

查阅相关资料，了解中国的第一台回旋加速器是如何完成的。学习中国科学家在面对困难时迎难而上、锲而不舍的精神。

第3章 "隐身"的磁场

第3节 汽车是如何"知道"自己的速度的？

生活物理

我们可以通过汽车前面的仪表盘（见图3-15）清晰地知道汽车的速度是多少，发动机的转速是多少，行驶的里程是多少。我们靠仪表盘了解车况和行驶状态，那你有没有想过汽车是怎么"知道"自己的行驶速度的呢？假设汽车在平直的公路上匀速行驶，汽车仪表盘上显示了汽车相对于地球的速度，而没有算上"坐地日行八万里"，汽车为何如此了解我们的需求？其实，这多亏了汽车上的传感器。在生活中，很多设备中都使用了传感器，如温度传感器、湿度传感器、各种气体传感器等。

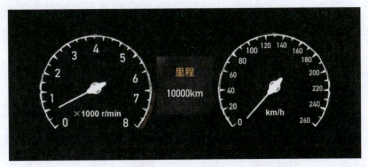

图3-15　汽车仪表盘

科学实验

在自行车前轮的某个位置系上一个红布条，推着自行车往前走，会看到红布条随着车轮一起转动。在自行车前进的过程中，数一下红布条转动的圈数。我们可以用卷尺测出自行车前轮的周长，布条每转动一周，自行车就会行进一个周长的距离，这样就可以通过转数测出自行车走过的距离了。

如果可以将汽车的机械运动转化为电信号，就可以利用仪表，通过对电流的测量而知道汽车的运动情况。从摩擦起电的研究到生物电的研究，再到伏打电池的发明，人类不断研究得到电的方法。1820 年，丹麦物理学家汉斯·奥斯特发现通电导体周围存在磁场，第一个发现了电和磁的联系。科学家们开始思考，既然电能产生磁，那么磁是不是也能产生电呢？

法拉第经过约 10 年的研究，终于发现了从磁产生电的条件。1831 年 8 月，法拉第做了图 3-16（a）所示的实验。他在铁做的金属圆环上缠绕了两组线圈 A 和 B，将 A 线圈接在电源上，为 B 线圈接上检流计。他发现 A 线圈的电源在接通和断开时，检流计发生了偏转，表示 B 线圈上有电流产生。1831 年 10 月，法拉第利用铜线在纸筒上分层绕制线圈，并接上了检流计。他将磁体快速插入铜线圈中时，检流计检测到了电流；将磁体快速从铜线圈中抽出时，检流计再次检测到了电流，如图 3-16（b）所示。法拉第经过大量的实验后概括出五种产生电流的情况：变化的电流、变化的磁场、运动的恒定电流、运动的磁体、在磁场中运动的导体。

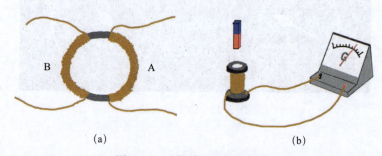

图 3-16 法拉第电磁感应实验

汽车在运动过程中会有转动和振动，根据法拉第的电磁感应原理，如果我们让汽车转动时引起线圈中磁场发生变化，就可以产生感应电流，利用电信号来检测汽车的运行速度了。磁电式车速传感器就是利用这种方式来反映汽车速度的。图 3-17 所示是一种车速传感器的原理图。在一个永磁体下放置一个铁芯，铁芯外面装有线圈，铁芯下面正对着转动的齿轮。铁芯、齿轮等都在永磁体的磁场范围内。齿轮的凸起部分正对铁芯或者齿轮的凹陷部分正对铁芯，会引起通过铁芯磁场强弱的变化，进而在线圈内产生周期变化的电流。根据线圈内电流变化的周期就可以知道齿轮转动的速度，从而计算出汽车的运行速度。磁电式转速传感器不需要外部供电，其性能稳定、电路简单，可以在多种环境中测量，被广泛应用在汽车速度仪表中。利用传感器测量出汽车速度后，还可以利用计算机对数据进行进一步处理，得到汽车的行驶里程，甚至可以得到汽车发动时的加速情况。

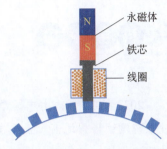

图 3-17　磁电式转速传感器

阿拉果"神秘的实验"

1822 年，法国物理学家阿拉果和德国物理学家冯·洪堡在英国格林尼治的小山上做实验。他们在放置小磁针时发现，小磁针会发生摆动，然后逐渐停止。但是铜底座上的小磁针比孤立的小磁针摆动幅度衰减得更快。当时他们也不知道是怎么回事。1824 年，阿拉果根据这个现象设计了一个实验，用一根柔软的细线悬挂一个小磁针，在小磁针下放置一个可自由旋转的铜圆盘。当小磁针转动时铜圆盘也会跟着转动，只是稍有滞后。当铜圆盘转动时小磁针也会跟着旋转，也是稍有滞后。这个"神秘的实验"又称为阿拉果铜盘实验，阿拉果也因此在 1825 年获得英国皇家学会的科普利奖章。

阿拉果的实验引起了众多科学家的兴趣，纷纷尝试对实验现象进行解释。法国科学家毕奥、安培，英国科学家巴洛、克里斯蒂、巴贝奇、赫歇尔等人都尝试解释阿拉果的实验，但结果都不令人满意。法拉第经过几年的实验研究后认为，阿拉果铜盘实验是由于磁体和导体间发生相对运动时在导体上产生了感应电流，感应电流与磁体间的相互作用导致铜盘或者小磁针的转动。以这个实验为思路，能不能设计一个测量车速的装置呢？

如果我们将铜圆盘固定在汽车的转轴上，铜圆盘的转动可以带动小磁针的转动。将小磁针安装在一个弹簧上，弹簧对小磁针形成一个阻力矩，使得小磁针摆动一个对应的角度。汽车在高速运动时，车轮轴的转速是比较快的，可以通过齿轮连接等方法改变铜圆盘的转速，调节感应电流到合适的范围。

自动驾驶技术

2022年10月，由中国牵头制定的首个自动驾驶国际标准《道路车辆自动驾驶系统测试场景词汇》正式发布。该标准是中国组织德国等二十多个国家的专家共同完成的。自动驾驶系统使汽车安全性能大幅提高，通过加速、制动、变速等方面优化使得驾驶过程中更加节约能源，减少环境污染及交通拥堵。中国也在积极研发自动驾驶技术，推进交通强国、数字中国、智慧社会建设。

2018年，工业和信息化部、公安部、交通运输部印发《智能网联汽车道路测试管理规范（试行）》，2021年发布《智能网联汽车道路测试与示范应用管理规范（试行）》。2021年11月，交通运输部组织开展自动驾驶、智能航运先导应用试点工作。2022年10月，广州、深圳首次发放城市高级辅助驾驶地图许可。

汽车自动驾驶时，不但需要识别出自己的车速，还要对路况进行识别，精确感知行人、车道方向、限速标志，控制自己的车速及方向。目前已经应用的感知硬件有摄像头、毫米波雷达、超声波雷达、激光雷达等。中国已经有企业可以提供L0～L4自动驾驶系统需求的4D毫米波雷达、77 GHz毫米波雷达产品。而国产77 GHz毫米波雷达比国外产品具有更远的探测距离，且目标识别性能更优。2021年1月，中国科学院深圳先进技术研究院自立研发国内首个自动驾驶整车在环测试系统。西安交通大学长期开展自动驾驶研究，研究团队提出类人自动驾驶理论框架，研制智能车无人系统并进行实际验证。中国科学院软件研究所研究团队提出的基于多目标遗传算法的自动驾驶系统仿真测试方法，提高了仿真测试执行效率。

自动驾驶技术是非常综合复杂的技术，需要各项技术的融合，依托于传感技术的不断发展。随着自动驾驶技术的发展，在不久的将来或许会有效缓解中国交通运输、能源方面的压力。

第3章 "隐身"的磁场

1.闭合回路部分导体在切割磁感线时会产生感应电流,切割磁感线的速度越快,产生的感应电流就越多。请根据这个原理,设计一种测量自行车运动速度的实验装置。

2.你知道生活中都有哪些设备用到了传感器吗?请观察并查阅资料说明。

第4节 如何设计直流电动机？

生活物理

随着科技的发展及人们生活水平的提高，新能源汽车越来越受到人们的欢迎，走进了千家万户。现在发展的新能源汽车中，使用最多的要数电动汽车（见图3-18）了。其实早在1834年，英国发明家达文波特就在布兰顿展示了世界上第一辆电动汽车，比1885年出现的第一辆内燃机汽车早了半个世纪。这一辆汽车是利用不可充电的电池制成的，行驶速度比较慢，是当代电动汽车的雏形。1881年，法国工程师古斯塔夫·特鲁夫制成了世界上第一辆可充电的电动三轮汽车，具有重要的意义。电动汽车因其易操作、无噪声等优点而很快出现在很多国家的街头。但在1910年后，内燃机汽车的制造技术逐渐成熟，综合性能提高，再加上当时电动汽车的蓄电池价格昂贵、充电时间长、续航能力差及使用寿命短，电动汽车逐渐淡出了大众视野，而仅在机场、码头、车站等一些特殊场合下使用。

图 3-18 电动汽车

二十世纪七八十年代，欧美爆发了两次能源危机，全球气候变暖问题及环境污染问题也越来越受到人们的重视，各国对电动汽车的研发又成了时代的热点。随着汽车蓄电池制造成本的降低，一次充电容量的提高，以及快速充电技术的发

第3章 "隐身"的磁场

展，电动汽车的电池问题不再成为制约其推广的绊脚石，越来越多的家庭开始选用电动汽车作为代步工具。

要使电动汽车动起来，只有电源是不够的，还需要将电能转化为机械能。1821年，法拉第发明了人类历史上的第一台直流电动机。那么，直流电动机转动的原理是什么呢？

科学实验

我们利用电池、圆柱磁体、铜丝、金属支架制作一个简易的电动机。将带绝缘漆的铜丝沿着一个方向缠绕，做成一个较扁的椭圆形，铜丝的两端分别伸出一定的长度如图3-19（a）所示。将铜丝一端的绝缘漆全部刮掉，另一端的绝缘漆刮掉一半。将电池、金属支架、磁体、线圈按照一定的结构进行组装如图3-19（b）所示。轻轻地推动一下线圈，线圈便可持续转动。

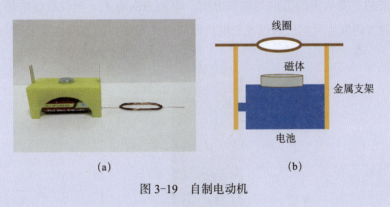

图 3-19　自制电动机

原来如此

电荷在磁场中运动会受到洛伦兹力。自由电荷在导体中定向移动会形成电流。如果我们将通电导线放在磁场中，此时导线中的大量电荷沿着导线方向定向移动。每个电荷都受到洛伦兹力，力的方向与运动方向相垂直。沿着导线方向运动的自由电荷共同受到洛伦兹力，会不会推动导线，使得导线受力呢？

假设一段长度为 L 的通电导线，横截面积是 S，单位体积中所包含的定向运动自由电子数量为 n，每个电子所带电荷为 e（见图 3-20），我们可以计算出这段导线内定向运动的自由电荷总量。每个电荷所受的洛伦兹力可以根据洛伦兹力公式计算出来。这段导线中所有定向移动的自由电子所受力的合力刚好就是导线所受的安培力，或者可以说，通电导线所受安培力正是定向移动自由电子所受洛伦兹力的宏观表现。

法国数学家、物理学家安培通过研究电流元建立了安培定律。安培通过对实验结果进行理论分析，得到了两个电流元之间作用力的定量关系。我们将其中的一个电流元作为研究对象，另一个电流元的作用是在周围空间激发磁场。这样安培分析的两个电流元之间的作用力公式就转变成了电流在磁场中所受力的大小的公式。通电导线与磁场垂直时，导线所受安培力的大小等于电磁感应强度、电流大小、导线长度的乘积。实际上，电磁感应强度这个物理量就是根据安培力公式定义出来的。安培力的方向与磁场方向、电流方向有关。当仅改变电场方向时，安培力的方向发生反向；当仅改变电流方向时，安培力的方向也发生反向。

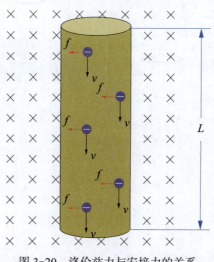

图 3-20　洛伦兹力与安培力的关系

如果让通电导线持续在磁场中，那它就可以持续受力了，进而将电能转化为机械能。为了增加线圈转动时所受力的大小，可将通电导线改成多匝线圈，以提供更大的动力。如图 3-21（a）所示，通电以后，线圈 ab 段的电流方向和 cd 段的电流方向相反，ab 段所受安培力的方向向上，cd 段所受安培力的方向向下，从而使线圈沿着顺时针方向旋转。当线圈转到图 3-21（b）所示的位置时，ab 段和 cd 段受力大小相同，方向相反，受力平衡。由于线圈具有惯性，将继续沿着顺时针方向转动。当线圈转动到图 3-21（c）所示的位置时，ab 段和 cd 段所受力会对线圈的顺时针转动形成阻力，并驱使通电线圈沿着逆时针方向转动，最终线圈将停止在图 3-21（b）所示的位置。

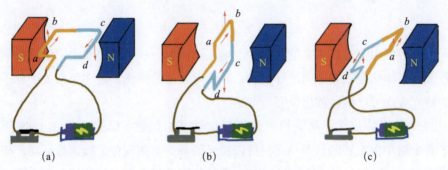

图 3-21　磁场中的线圈不能持续转动

通过分析可知，这种方法不能使线圈持续转动。如果我们在通电线圈转动到图 3-21（b）所示的位置时切断电源，让线圈靠惯性完成后半圈的转动，而当线圈回到图 3-21（a）所在的半圈后重新接通电流，这样线圈就可以持续转动了。前面我们制作简易电动机时之所以将铜线圈的一端只刮掉一半绝缘漆，就是为了利用这个原理。这种方法虽然操作简单，但是电动机只有在一半的时间对外输出动力，不利于电动机的稳定工作。

为了让通电线圈在整个转动过程中持续输出动力，当线圈转动到图 3-21（b）所示的位置时将电流反向，就可以让线圈持续稳定地转动了。这个改变电流方向的装置叫作换向器（见图 3-22）。换向器由两个铜半环组成，两个铜半环之间断开，通过电刷与电源的两端相连。换向器会随着线圈一起转动，这样每经过半圈，

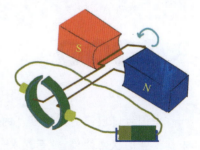

图 3-22　换向器

通过线圈的电流方向就会改变一次。这样通过换向器的作用，就可以实现电动机的持续转动了。

直流电动机的应用非常广泛，如电动剃须刀、电动牙刷、便携式风扇、电动玩具车、电动按摩器、手机等。直流电动机在交通、医疗等方面也有着广泛的应用。

分子马达

大家可能想象过在未来的医疗中，给人体注射一些纳米机器人，由这些纳米机器人到人体病变位置定向治疗疾病，减少对人体的损伤。近些年来关于分子马达的研究或许可以将这种想象变为可能。

2016 年诺贝尔化学奖获得者，荷兰化学家伯纳德·L. 费林加在 1999 年设计了首个可单向旋转的分子马达，可以在光照条件下实现分子级别的运动，相关成果发表在《自然》杂志上。2005 年，费林加团队将分子马达连接在金表面，实现了金表面光驱动单向旋转的分子螺旋桨功能。2006 年，他们将分子马达连接在液晶薄膜表面，在光照条件下，可以使液晶表面比马达自身大数千倍的物体旋转。2011 年，他们设计了像汽车一样的电驱动四轮分子马达，可以在铜表面运动。

2023 年，中国科学技术大学彭晨晖教授团队发现光驱动可编程胶体自组装新机制，相关研究成果发表在《美国国家科学院院刊》上。分子马达作为最小的动力装置，在纳米运输、分子泵、智能材料、生物医疗等方面具有巨大的应用前景。

中国"玉兔"的动力

中国古时候便有嫦娥奔月的传说，表现出古人充满了对月宫美好的想象及对未知太空的探索欲望。"秦汉求仙事已非，等闲却遇月中妃。""月宫幸有闲田地，何不中央种两株。""瑶池宴罢归来醉，笑说君王在月宫。""从此定知栖息处，月宫琼树是仙乡。"古人通过自己的想象留下了大量关于月宫的诗句。东汉王充在《论衡》中记载："涛之起也，随月盛衰"，指出了潮汐显现与月球的关系。

现代科技的不断进步使得我们可以更进一步探寻"月宫故事"。2007年10月24日发射的"嫦娥一号"卫星成功拍摄了全月球影像图。2010年10月1日发射的"嫦娥二号"卫星帮助中国科学家完成世界上首个7 m分辨率的全月球影像图，达到国际领先水平。2013年12月14日，"嫦娥三号"探测器成功落月，中国成为继美国和苏联之后第三个实现在月球软着陆的国家。2013年12月15日，"玉兔号"月球车携带各种探测仪器踏上月球，开始巡视工作。"玉兔号"月球车正是使用直流电动机进行驱动行走和工作的。

"玉兔号"月球车的移动系统包括车轮的驱动和机械臂的驱动，均采用无刷直流电动机来完成，分别保障月球车在巡视和探测过程中移动正常，工作过程中各个关节灵活，保证"嫦娥三号"探测任务顺利完成。月球表面白天温度可达127℃，晚上又会骤降为-183℃，如此严酷的工作环境使得电动机的研制任务更加艰巨。这是中国第一次开展登月任务，电动机的研制也没有相关经验可以借鉴参考，只能从零开始。中国科学家经过多项技术攻关，通过产品结构设计、新工艺新材料选取，研制出可在超低温、大温差、极端真空条件下工作的无刷直流电机，技术指标完全达到了航天的标准，填补了中国在这方面的空白，也为中国后续进行的月球探测提供了技术支撑。

2019年1月3日，"嫦娥四号"探测器成功降落，实现了人类探测器首次在月球背面软着陆。2020年12月1日，"嫦娥五号"探测器成功着陆，2020年12月17日，"嫦娥五号"返回器携带1731 g月球样品返回地球，降落在内蒙古四子王旗。"嫦娥五号"首次实现了地外天体采样、起飞和月球轨道交会对接等任务，标志着中国已掌握无人月球探测最主要的基本技术。

小试牛刀

在"科学实验"中制作的简易电动机需要我们给线圈一个初始的推力，线圈才能持续转动。如果使直流电动机不再需要手动转动线圈，那么如何改进电动机的结构呢？说说你的想法吧。

第 4 章
相生相克的电与磁

第 4 章 相生相克的电与磁

第 1 节　揭开电与磁神秘面纱的奥斯特与法拉第

生活物理

人类最早见到的电现象就是雷电了，中国古代就有"雷公电母"专司打雷和闪电的天神传说。在西方的传说里，"雷神"利用巨锤来制造闪电。我国古代很多著作中记载了摩擦起电的现象。18 世纪 40 年代，荷兰莱顿大学的马森布罗克发明了莱顿瓶，使得静电存储成为可能，吸引了大批的科学家利用其做电学相关实验。后来，伏打电池的发明使得人们可以得到持续的电流，加速了电学的发展。

关于磁现象，中国很多文献中均有记载，如《管子·地数篇》中记载"上有慈石者下有铜金"，《吕氏春秋·精通篇》中记载"慈石召铁，或引之也"。古罗马自然哲学家普林尼留下了关于磁山的传说。

英国医生威廉·吉尔伯特系统地研究了电磁现象，将整个磁学由经验转变为科学。在他所著的《论磁、磁体和地球作为一个巨大磁体的新的自然哲学论》一书中，将电现象和磁现象进行了科学的比较与分析，使得人们对电和磁性质的认识更加清晰。在早期对电学、磁学的研究中，人们将电和磁看成彼此独立、相互间没有关联的现象。直到 1820 年，电流的磁效应这一现象的发现开辟了一个前景远大的新领域。而电磁感应定律的发现使得电能的广泛应用成为可能。

科学实验

将干电池、开关、滑动变阻器、小灯泡、导线连接成图 4-1 所示的电路。导线南北放置，下面放置一个可自由转动的小磁针。小磁针在自由状态下指向南北方向。闭合开关之前将滑动变阻器的阻值调到最大处，然后闭合开关，观察小灯泡的亮度及小磁针指向的变化；将滑动变阻器的阻值逐渐调小，再观察小灯泡的亮度及小磁针指向的变化。将电路中电池的正负极对调，其他不变，闭合开关后观察小磁针的指向有什么不同。

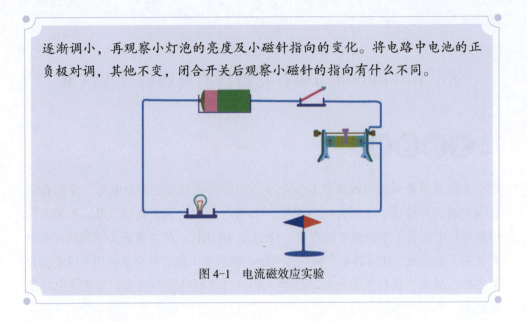

图 4-1　电流磁效应实验

原来如此

　　发现电流磁效应的是丹麦物理学家汉斯·奥斯特（见图 4-2）。奥斯特出生于丹麦的一个药剂师家庭，12 岁时便在他父亲的店里当助手，对科学产生了浓厚的兴趣。17 岁时，他以优异的成绩进入哥本哈根大学学习医学、物理学和天文学。1799 年，凭借论文《大自然形而上学的知识架构》获得博士学位。1803 年，他从欧洲游历后回国，并在 1806 年如愿成为哥本哈根大学的物理学教授。

　　在 18 世纪中期，人们就已经发现雷电可以使钢制的餐具磁化，莱顿瓶放电可以使焊条磁化，奥斯特也多次设计实验寻找电流的磁效应。1819 年冬到 1820 年春，奥斯特在哥本哈根大学开班讲座，讲授电学和磁方面的知识。奥斯特分析，许多人沿着电流方向

图 4-2　汉斯·奥斯特

第4章 相生相克的电与磁

寻找电流的磁效应都失败了,也许电流对磁体的作用是横向的,而不是纵向的。1820年4月的一天,他在讲课时将导线和磁针平行放置,通电后,磁针向垂直于导线的方向摆动了起来。这个现象并没有引起周围听众的注意,而奥斯特对此兴奋不已。在后面三个月的时间里,奥斯特做了60多次实验。他将小磁针放在不同的方向,利用不同的金属导线、不同的电流方向进行研究,终于得到了电流的磁效应。1820年7月21日,他用拉丁文在法国著名期刊《化学与物理学年鉴》上发表了《关于磁针上电流碰撞的实验》,轰动了全世界。他的论文被翻译成德、法、英等文字,被各国刊物争先转载。他的发现建立了电和磁的联系,具有划时代的意义。1820年,英国皇家学会为奥斯特颁发科普利奖章。

奥斯特发现电流的磁效应引起各国科学家的广泛关注,大批科学家开始了电磁方面的研究,这也为电报、电机的发明奠定了基础。例如,德国物理学家施威格重复了奥斯特的实验,并依据其原理制作出一个简易电流计。欧姆正是依靠这样原始的电流计发现了欧姆定律。毕奥、萨伐尔、安培等科学家都开启了电磁方面的相关研究。1821年9月,英国物理学家法拉第演示了"电磁旋转"实验,让通电导线绕着一块固定磁体旋转,或者让磁体绕着固定的通电导线旋转,成为最原始的电动机。

法拉第对奥斯特的实验进行思考:既然电流能够产生磁场,那能不能利用磁场产生电流呢?地球是一个巨大的磁体,如果磁能够转化为电,就能得到源源不断的电能。法拉第为了找到磁生电的条件,进行了大约10年的研究。法拉第在实验过程中不断思考,总结实验失败的教训,虽然在很多年里法拉第的实验都没有成功,但这并没有击垮这位执着的科学家。1831年8月29日,法拉第在软铁环上缠绕的导线中观察到了感应电流,但是他并没有立即明白其中的原因。1831年10月17日,法拉第将磁体放入或拿出闭合线圈,观察到了感应电流。1831年11月24日,法拉第总结出产生感应电流的五种情况:变化的电流、变化的磁场、运动的恒定电流、运动的磁体、在磁场中运动的导体。

法拉第在发现了磁生电现象后,发明了人类历史上第一台感应发电机,为现代电力的发展及工业化的应用提供了重要支撑,做出了划时代的贡献。他还发现了电流的化学作用规律,提出了电场、磁场等重要的物理概念。人们为了纪念法拉第,将电容的单位命名为法拉,简称法。

虽然，在法拉第公布磁生电的结果之前，美国物理学家约瑟夫·亨利于1830年就发现了电磁感应现象，但并没有发表相关结果；1832年，俄国物理学家楞次发现了关于感应电流方向的规律。但是无疑，法拉第对电磁感应定律的贡献是最大的。

思维拓展

电磁铁与超导磁体

在奥斯特发现了电流的磁效应后，科学家开始使用通电螺线管使钢针、铁块磁化。1825年，英国电工威廉·斯特金在蹄形软铁上喷漆后，间隔缠绕了裸导线，制成了世界上第一块电磁铁，可以吸起4 kg的重物。1831年，亨利成功研制出可以吸起1 t重物的电磁铁。亨利还对电磁铁进行改装，制成了最早的继电器，对电报的发明极为重要。电磁铁在磁悬浮列车、电磁起重机、工业自动化设备、科学研究等领域有着广泛的应用。电磁铁磁场的大小和线圈的匝数、电流的大小、铁芯有关。可以通过调整线圈的匝数和电流的大小得到不同强度的磁场。电磁铁的铁芯用的是软铁材料，通电后软铁可以被磁化，而断电后磁性很快消失，便于实现磁性有无的控制。

利用电磁铁可以方便地得到所要的磁场，但是线圈是有电阻的，电流的热效应会使其在工作过程中放出大量的热。使用超导材料制成线圈，在得到磁场的同时，超导线圈并不发热，可以节约能源。但是目前发现的超导材料一般需要在低温环境下工作，在一定程度上增加了超导磁体的运行成本。2019年12月，中国科学院电工研究所王秋良团队采用自主研发的高温内插磁体技术，成功研制中心磁场高达32.35 T（特斯拉，磁感应强度的单位）的超导磁体，刷新了超导磁体最高磁场世界纪录。2022年10月，中国科学院等离子体物理研究所利用全国产第二代高温超导稀土钡铜氧带材研制的高温超导磁体，在液氦浸泡条件下产生24.1 T中心磁场，对推动国内超导材料和超导磁体装备的发展具有重要意义。

第4章 相生相克的电与磁

科学中国

中国强磁场科技发展

在极低温、强磁场、超高压等极端环境下，材料会出现一些新奇的物理特性，为研究突破创造更多的机遇。例如，我们可以借助强磁场"看到"物质本性及规律，探索未知世界。为了紧追世界科技发展步伐，发展强磁场方面的优势，中国于2005年12月20日成立合肥强磁场科学技术研究中心。2008年4月30日，经中国科学院批准，成立中国科学院强磁场科学中心，重点发展强磁场科学技术，开展强磁场下多学科前沿研究，推动技术转移转化，促进经济技术发展。

强磁场科学中心承建的稳态强磁场实验装置在物理、化学、材料、生物医药、工程技术领域取得了诸多前沿成果，处于国际领先地位。2022年8月12日，在强磁场科学中心的稳态强磁场实验装置中，由中心自行研制的混合磁体（见图4-3）产生了45.22 T的稳态磁场，刷新了尘封23年的同类型磁体世界纪录。强磁场科学中心也成为世界五大稳态强磁场实验室之一。

图4-3　稳态强磁场实验装置混合磁体

混合磁体是如何产生如此强的磁场的呢？电磁铁通电以后可以产生磁场，理论上，提高电流强度可以得到任意大的磁场。但是由于电流的热效应，磁体的绝缘性能、机械性能也会受到影响，甚至造成磁体散架。产生强磁场的水冷磁体耗电量极高，甚至需要一座小型火电站的供电量。使用超导磁体可以避免线圈的发热问题，不需要太多的能量输入，但是超导材料需要在极低温下工作，并且有临界磁场的限制。当超导材料所处环境超过临界磁场时，超导材料就不再处于超导态。混合磁体就是将水冷磁体和超导磁体结合起来，发挥它们各自的优点，产生更强的磁场。

强磁场科学中心研制了不同类型的水冷磁体及超导磁体，可以产生不同强度的磁场，在输运测试、核磁共振、材料合成、超快光学测量、红外光谱测试、多频高场电子共振等方面发挥重要作用。

小试牛刀

电风扇在不接电源的情况下可以当作发电机来使用。将扇叶保护盖打开，在插头处接上万用表，用手转动风扇扇叶，观察电压示数。改变转动扇叶的速度，万用表示数有什么变化？

第 4 章　相生相克的电与磁

第 2 节　探秘动生与感生电动势

生活物理

　　大家有没有观察过，一些银行卡上除了带有芯片，侧边还有一个磁条。其实早期的银行卡主要通过读取旁边的磁条来核对卡的信息。1960 年，美国的福雷斯特·帕里将磁条粘贴在塑料卡片上，制作了第一张磁卡。之后这项技术在卡片式车票上得到推广，并且进入航空公司售票和登机系统中，然后逐步进入信用卡领域。将磁卡沿着刷卡机快速划过，刷卡机就可以读出卡中的信息了。磁卡上的磁条记录的实际上是一段一段磁信息，好像好多条形磁体排列在磁条上（见图 4-4）。刷卡的过程就是在读取磁条上每一段磁信息的长度，经过分析之后就知道磁卡中存储的信息了。其实在读取磁条上信息时使用了电磁感应原理。由于磁卡的磁条容易被复制，不利于信息的安全，而且容易出现消磁现象，近些年磁条卡逐渐被带有芯片的卡替代了。

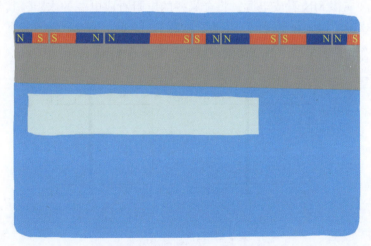

图 4-4　磁条磁道上记录的磁信息

科学实验

将跳大绳用的绳索更换为导线,沿着东西方向进行抢大绳比赛。将万用表转到电流挡位,接在导线两端,观察抢"绳子"时电流的示数;将万用表转到电压挡位,观察示数有什么变化。增加抢"绳子"的长度及段数,对检测到的电信号有什么影响?

原来如此

现有垂直于纸面向里的磁场,AB 和 CD 为光滑的导轨。如图 4-5(a)所示,在 AC 间接入检流计;如图 4-5(b)所示,在 AC 间接入电压表。我们认为在理想情况下,导轨和检流计的电阻为 0。当金属棒 MN 沿着导轨向右匀速滑动时,可以在图 4-5(a)所示的闭合回路中观察到有电流产生。图 4-5(b)所示的电路不是闭合回路,不可能产生感应电流,但是电压表测出有电压产生。相同的金属棒在相同的磁场条件下匀速切割磁感线,虽然在图 4-5(a)所示电路中 AC 间电压几乎为 0,但是实际上金属棒是有分压的。金属棒 MN 切割磁感线发电,我们可以将金属棒 MN 看成电源,将金属棒的电阻看成电源的内阻,其他为外电路。金属棒 MN 切割磁感线时,不管外电路如何连接,电源内部的电压和外部电路的电压总和是固定的,就是切割磁感线产生的动生电动势。

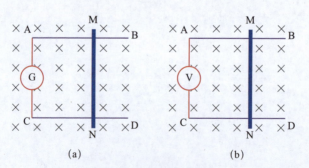

图 4-5 导体切割磁感线

不难想象,保持闭合回路不变,让磁场去切割闭合回路中的部分导体,也可以产生感应电动势。法拉第在研究磁生电时,也发现了变化的磁场可以产生感应电流。变化的磁场产生的感应电动势称为感生电动势,与外电路的种类和性质都没有关系。法拉第用了几年的时间证明了电磁感应定律的普遍性,提出闭合回路中磁通量(磁通量是磁感应强度 B 与磁场方向垂直的面积 S 的乘积)的变化速率决定了感应电动势的大小。英国物理学家詹姆斯·麦克斯韦沿着这个思路,认为即使没有导体回路,变化的磁场也可以激发出电场,并于 1864 年预言了电磁波的存在。

俄国物理学家楞次在法拉第工作的启发下,研究了感应电流方向的规律。例如,将条形磁体 N 极朝下,靠近线圈,产生感应电流如图 4-6(a)所示。而将条形磁体向上取出,远离线圈,则产生相反方向的感应电流如图 4-6(b)所示。通过大量的实验研究,楞次用一句话总结出了可以判断感应电流方向的楞次定律:感应电流的磁场总要阻碍引起感应电流的磁通量的变化。

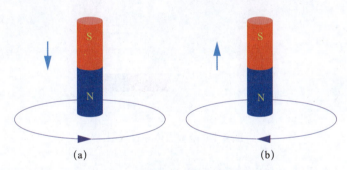

图 4-6 变化的磁场对感应电流方向的影响

法拉第在研究电磁感应原理时制成的"法拉第感应线圈"其实是变压器的雏形。法拉第当时仅仅用它来做电磁感应的实验,并没有考虑用作其他的用途。而直到五十多年后,才出现了第一台商用变压器,方便了电能的传输及使用。

思维拓展

利用电磁感应捕捉磁单极子

我们在第 3 章第 1 节中介绍过磁单极子,一个磁单极子必然非常小,磁性非常弱,那我们如何才能探测到磁单极子呢?我们先来看这样一个模型(见图

4-7）：有一个铜线圈，让一个条形磁体从远处靠近铜线圈。在这个过程中，条形磁体产生的磁场穿过铜线圈，方向向左，并且强度逐渐变大。根据楞次定律可以判断出线圈中所产生的感应电流方向，从左侧看铜线圈中的电流沿着顺时针方向。同理，当条形磁体穿过铜线圈远离时，条形磁体产生的磁场通过铜线圈，方向向左，并且逐渐变小。可以判断出线圈中产生的感应电流方向，从左侧看铜线圈中电流为逆时针方向。由此我们知道，如果穿过线圈的磁体同时带有 S 极和 N 极，在线圈中产生的感应电流方向会发生变化。

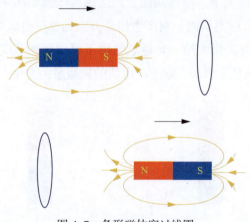

图 4-7　条形磁体穿过线圈

磁单极子在线圈中产生的磁通量必然非常小，这里采用超导线圈来代替前面的铜线圈，就可以检测到微弱的感应电流了。一个只有 N 极的磁单极子从远处靠近超导线圈（见图 4-8），磁单极子产生的磁场通过超导线圈，方向向右，且不断变强。可以判断出在超导线圈中产生的感应电流方向，从左侧观察，超导线圈电流为逆时针方向。当磁单极子远离超导线圈时，磁单极子产生的磁场通过超导线圈，方向向左，且不断变弱。从左侧观察，超导线圈中产生的感应电流为逆时针方向。通过分析发现，当磁单极子通过超导线圈时，产生的感应电流方向是不发生改变的。

1975 年，美国加利福尼亚大学伯克利分校和休斯敦大学科研人员将感光胶片搭载在高空气球上，发现了宇宙射线留下的一条印迹。通过分析，他们认为是磁单极子留下的，并将结论发表在《物理评论快报》，但是这个实验结果无法重复，没有被广泛接受。1982 年，美国斯坦福大学的卡布雷拉利用超导铌线圈和超导铝箔圆筒制成的超导量子干涉仪捕捉到一个磁单极子信号，但是再也没有重复出来。有人认为这个信号可能是由于机械原因造成的，一次偶然的实验现象并无法得到科学验证。磁单极子是否真的存在还需要科学家不断探测、研究，也需要更多青少年投入到未来的科学事业中。

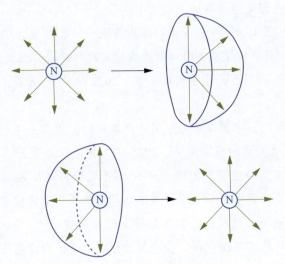

图 4-8　磁单极子穿过超导线圈

科学中国

国之重器——"华龙一号"

在利用电磁感应原理发电技术中，利用核能发电越来越受到世界各国的青睐。核电技术是将燃料核裂变产生的热量转化为蒸汽输送给发电机用于发电。"华龙一号"福清核电站是中国第一座具有自主知识产权的第三代核电站，达到了世界上最高的安全标准。2020 年 11 月 27 日，"华龙一号"全球首堆首次并网成功，2021 年 1 月 30 日，投入商业运行。中国成为继日本、美国、法国、俄罗斯以后第五个掌握此项技术的国家，实现了由核电大国向核电强国的跨越式发展。2022 年 1 月 1 日，福清核电站 6 号机组首次并网成功，成为全球第三台、

中国第二台"华龙一号"并网发电机组。2023年，中国西部地区首台"华龙一号"核电机组——广西防城港核电3号机组首次并网成功。"华龙一号"装机容量为116.1万千瓦，每年可发电100亿度，相当于减少312万吨标准煤消耗，减少816万吨二氧化碳排放，相当于植树造林7000万棵。另外，国内还有多台"华龙一号"机组在建项目，并积极参与国际合作，已出口到巴基斯坦、英国、阿根廷等国家，成为中国走向世界的"国家名片"。

2021年3月18日，"华龙一号"海外首堆——巴基斯坦卡拉奇2号机组首次并网成功，5月20日，完成100小时连续稳定运行验收，正式投入商业化运行，可满足当地100万人口生产生活用电需求。2022年4月18日，卡拉奇3号机组正式投入商业运行。

20世纪70年代，中国华东地区用电严重短缺，周恩来总理批示要发展我们的核电项目。经过多年的科技攻关，1985年，在浙江海盐开工建设秦山核电站一期工程，这是中国自主研发的第一座30万千瓦级核电机组。1990年，中国引进法国技术，建设百万千瓦级大亚湾核电站。在建设大亚湾核电站时，所有的原材料，甚至是混凝土、防护服、安全鞋等全部都是进口的。"华龙一号"核电机组所有核心设备均已实现国产化，在研制过程中申请国内专利716件、国际专利65件、海外商标200多件、软件著作权125项，并形成大量的创新论文及科研报告。"华龙一号"的研制使我国核电项目从中国制造走向中国创造，进入世界市场。

小试牛刀

电磁感应现象都有哪些应用？请查阅相关资料，体会法拉第的巨大贡献给人类社会发展带来的影响。

第3节 自感之父——亨利

生活物理

你可能听过"不想当将军的士兵不是好士兵",但是没有听过"不想当科学家的演员不是好的发明家"。美国科学家约瑟夫·亨利(见图4-9)在电学方面做出了杰出的贡献,可是你可能不知道他在早期是一位戏剧演员。如果不是英国乔治·格雷戈写的科普读物《经验哲学、天文学、化学普通讲义》,亨利也许会成为著名的艺术家。关于这本书,亨利曾经评价:"虽然这不是一本深奥的书,但它对我的一生产生了深远的影响。……它把我的思想凝聚在对自然的研究上,使我在读它的时候就决定立刻献身于对科学知识的追求。"亨利对科学探索有浓厚兴趣,而且他相信科学的发展定将造福人类。亨利的一生有很多发明,但是他并没有申请专利,而是让自己的发明为人类社会服务。亨利最大的快乐来源于发现真理的过程。为了纪念这位伟大的科学家,1889年,第二届国际电学家大会确定将"亨利"作为电感的单位。

图4-9 约瑟夫·亨利

科学实验

利用电池来做一个产生电火花的实验：在电池的正、负极分别连接长导线 A 和 B，其中导线 B 从负极接出后，在铁钉上绕几圈，如图 4-10 所示。尝试将导线 A、B 的另一端接触，观察导线接触瞬间有什么现象。

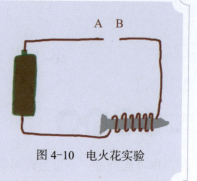

图 4-10　电火花实验

原来如此

"科学实验"中，导线在接触一瞬间有电火花产生，实际上这个实验最早是由亨利做成功的，只是当时的电源用的是温差电堆。1837 年，在英国皇家研究院的实验室里，法拉第、惠斯通、丹聂尔等人尝试直接利用电源和导线引出电火花，但是无论他们怎样操作，包括将导线不停摩擦，导线末端都没有电火花产生。亨利走过去，将导线在手指上绕出一个线圈，在内部加上铁棒，此时再重复实验，发现两个导线接头触碰时，发出了耀眼的火花。亨利正是利用了电流自感的现象完成了这个实验。法拉第曾感慨："在电流自感现象研究方面，亨利遥遥领先他的同时代人。"

早在 1830 年，亨利就发现线圈里的电流可以通过磁场让另一个线圈产生电流。亨利并没有急于发表，而是希望扩大实验成果，使实验现象更加明显。在亨利得到更好的结果之前，1831 年 11 月 24 日，法拉第向英国皇家学会提交了产生感应电流的论文。1832 年，亨利在论文《在长螺旋线中的电自感》中公布了他在研究电磁铁时发现的自感现象——通电线圈在断路时电流会突然增大。自感现象描述的是，线圈中的电流发生变化时，在线圈自身激发出感应电动势。1835 年，亨利向美国哲学会介绍了不同形状导体的电感大小。亨利提出一个线圈不仅可以在其他线圈感生出电流，在自身中也能产生感生电流，并且还对影响自感的条件进行了研究。1851 年，亨利向美国科学促进会提交论文，提出了电磁可以

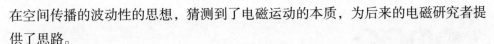

在空间传播的波动性的思想,猜测到了电磁运动的本质,为后来的电磁研究者提供了思路。

在亨利身上处处体现了吃苦耐劳、勇于探索、精益求精、无私奉献的精神。1797年,亨利出生于美国纽约奥尔巴尼市的一个穷苦家庭,父亲从事车夫的工作。在他14岁时父亲去世,他便辍学去学习修理钟表和琢磨宝石。不久之后,想成为演员的他加入了一个由年轻人组成的戏剧表演团体,很快便在奥尔巴尼小有名气。一个偶然的机会,他读了《经验哲学、天文学、化学普通讲义》,被里面的内容深深地吸引,对科学产生了浓厚的兴趣。于是亨利辞去了剧团的工作,决定接受系统的教育。他先是进入奥尔巴尼市的夜校学习,并于1819被奥尔巴尼学院录取,系统学习数学、化学、物理学、生物学和解剖学。由于亨利的刻苦精神及优异成绩,他被院长聘为助教。1822年毕业后,亨利当过家庭教师、图书馆管理员等。1826年,亨利被聘为奥尔巴尼学院数学和物理学教授,1832年担任新泽西学院(现普林斯顿大学)物理学教授。1846年,亨利出任史密森研究院的首任院长,支持开创性研究,鼓励国际交流。1868年,亨利出任美国国家科学院院长,吸收大批从事开创性研究的科学家,帮助组建全国性的科学学会,促进学术发展。

亨利特别重视将理论知识应用在实际生活中,一生有很多发明创造。亨利改进了当时的电磁铁,在1831年为耶鲁大学制造的电磁铁可以吸住947 kg的铁块,创造了当时的世界纪录。后来亨利还为新泽西学院制造了一个更大的电磁铁,可以提起1600 kg的重物。当时的电源普遍使用伏打电池,在如此弱的电流的情况下将电磁铁做到这种程度,是多么惊人的成就。亨利还利用自己改进的电磁铁制造了振荡电动机,而现代社会所用的电动机正是用到了亨利改进的电磁铁。亨利还发明了继电器,利用小型的电磁铁传递信息,发明了模型电磁电报机。1847年,亨利组织建立了电报气象系统,1867年制成了汽笛警报器。

亨利的一生都投入在科学探索及为人类造福的事业中。从亨利的研究过程可以看到,任何科技成就的发展都离不开前人的工作基础,在继承中创新,推动人类科技的不断进步。

思维拓展

日光灯

自从伏打电池出现后，人类可以获得持续的电流，科学家们开始不断尝试电灯的研究。1806 年，英国化学家汉弗莱·戴维发明了弧光灯，但是难以控制其亮度，且电流大、使用寿命短。1835 年，英国科学家詹姆斯·林德赛利用铜丝制作了灯泡，但是使用寿命太短。1840 年，有人发明了铂丝灯泡，提高了使用寿命，但是成本又太高。1879 年，美国发明家托马斯·阿尔瓦·爱迪生将玻璃泡抽真空，用碳化的棉线做灯丝，实现灯泡实用化。后来，爱迪生的同事威廉·大卫·库利奇成功制作出被广泛使用的钨丝灯泡。

利用钨丝制成的白炽灯照亮了这个世界一个世纪，成为主要的照明工具。但是白炽灯主要是利用电流的热效应来发光的，需要消耗大量的电能。随着科技的发展及节能环保意识的提高，人们逐渐选用日光灯或节能灯来作为主要的照明工具。日光灯的工作原理示意图如图 4-11 所示。灯管两端装有钨制灯丝，灯管内充有氩气和汞蒸气，灯管内壁涂有荧光粉。镇流器是一个带铁芯的线圈，而启动器相当于一个开关，且在断电时处于断开状态。

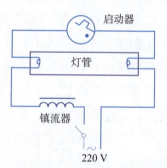

图 4-11 日光灯的工作原理示意图

当闭合电源开关，将日光灯接入家庭电路时，电源电压将通过镇流器、灯丝直接加在启动器两端，使得启动器里的氖气电离，发生辉光放电。辉光放电造成启动器中的金属片发热，启动器两电极闭合在一起，辉光放电停止。随着金属片温度逐渐降低，启动器中的金属片重新断开。在启动器断开的一刹那，镇流器由于自感现象，产生很强的自感电动势，形成瞬时高压，将灯管内的气体电离，发出紫外线，使得灯管内壁荧光物质发光。

日光灯使用寿命长，在与白炽灯具有相同亮度的情况下，功率更低，这些优点使其逐渐替代白炽灯进入我们的生活。当然日光灯也存在废旧灯泡污染环境的问题，还需要建立完整的生产、使用、回收体系。早期使用的条形日光灯外面安装有启动器、镇流器，现在广泛使用的节能灯已经将这些元件进行了内置处理。

科学中国

中国日光灯的诞生

中华人民共和国成立后，南京电照厂克服设备、材料方面的困难，开始生产国家急需的火车头灯泡、聚光灯泡、指示灯泡、矿灯泡等。为了追赶和国外照明设备的差距，根据当时华东工业部、政务院一机部的指示，南京电照厂开始研制中国的日光灯。当时西方国家已经使用日光灯多年，且掌握和垄断了关键材料的制备及生产技术，中国研制日光灯只能靠自己摸索。

电照厂的工程师在极其简陋的环境下建立了第一个荧光材料实验室，使用最简单的实验工具及器材，经过上千次实验验证研制成功多种荧光材料。中国工程院院士吴祖恺当时担任厂长，他和员工利用厂里的土设备，用手工的方法解决了日光灯生产的一系列问题，终于在1952年试制成功第一批单色日光灯。国产日光灯的成功开发在国内社会引起强烈反响，被各大媒体纷纷报道转载。

南京电照厂不光研制成功中国首批日光灯，还创造了很多个第一。中国第一个示波管、黑白显像管、彩色显像管、红外变像管都出自于这个厂。1958年，苏联莫斯科灯泡厂派出代表团到南京电照厂考察学习日光灯制造技术。中国向苏联提供了日光灯制造的所有技术文件。

在日光灯的研制过程中，吴祖恺坚持自力更生，从实际出发，实现从无到有。不断学习世界上先进国家的制造技术及经验，引进合作，精益求精，进一步提高产品质量。如果只单纯地靠引进技术是无法实现民族工业振兴的。

小试牛刀

从亨利进行科学研究的一生中你能得到什么启示，我们可以从中悟出什么道理？

第4节 电磁炉是如何工作的？

生活物理

曾经，我国的大部分地区都是烧火做饭，使用这种做饭方式需要消耗大量的木柴或煤炭资源，而且过程中会产生大量的烟尘，不利于人们的身体健康，而且费时费力。后来广泛使用蜂窝煤，即在圆柱形煤块上打上多个孔，增加煤和空气的接触面积，使其更容易燃烧。蜂窝煤在国内使用了半个多世纪之久，既可以烧饭，又可以取暖。随着科技的发展及社会的进步，人们逐渐使用燃气灶、电磁炉、电饭煲等工具做饭。

电磁炉的使用极大地方便了人们的生活，做饭时清洁卫生，没有明火，使用安全。电磁炉是如何将饭煮熟，又是如何进入千家万户的呢？

科学实验

利用电磁炉、小灯泡、铜导线来进行实验。将小灯泡的两个接线柱接上一个铜线圈，铜线圈的直径大小和电磁炉大小接近，然后将线圈平放在电磁炉上（见图4-12）。打开电磁炉开关，观察小灯泡的变化。调节电磁炉的功率大小，小灯泡的亮度有什么变化规律？改变铜导线线圈直径的大小，再次观察灯泡亮度的情况。

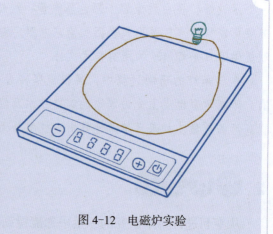

图4-12 电磁炉实验

电磁炉是如何将饭煮熟的呢？其实这里面用到了电流的磁效应及电磁感应原理。1855 年，法国科学家莱昂·傅科发现了涡流。学习电磁铁时我们知道，在圆柱形铁芯上绕制通电线圈，铁芯内部会产生沿着铁芯方向的磁场。电磁铁中磁场的强度和电流的大小、线圈的匝数有关。如果线圈中通过的是变化的电流，则产生的磁场强弱也是变化的。根据电磁感应原理可以知道，变化的磁场可以产生电场，这样就会在铁芯中产生类似于旋涡形状的电流（见图 4-13），称为涡流，也被称为傅科电流。

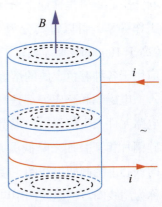

图 4-13 涡流的原理

我们再来回顾刚刚的实验，小灯泡亮起来了，导线中有电流产生。其实导线中的电流正是电磁炉中变化的磁场产生的感应电流。电磁炉内部有通电线圈，在锅体产生涡流，进而加热食物。由于电磁炉的导线并不和锅体直接接触，减少了漏电的威胁。电磁炉的发明改变了传统情况下使用明火的烹饪方式，使用起来方便简单。

安检门、安检员所用的手持探测器，以及排雷装备等都属于金属探测器，它们也利用了涡流的原理。金属探测器中的线圈通有变化的电流，当探测到金属时，会在金属中产生涡流。金属中所产生的涡流会产生额外的磁场，金属探测器检测到涡流所产生的磁场，就知道有金属存在了。当利用金属探测器探测地下物体时，根据检测到的磁信号强度就能知道金属埋藏的深度，甚至根据反馈信号还能区分出所探测到的金属种类。

感应炉和变压器

利用涡流效应，除了可以在生活中用电磁炉来做饭，还可以在工业中用感应炉来冶炼金属。利用感应炉熔炼或者进行加热具有效率高、速度快、环保等优点，广泛应用于各种冶金行业等。感应炉是将用空心铜管制作的感应线圈绕在炉子的周围，在线圈中通上交变的电流，以此来产生涡流，熔炼或者加热炉内的材料。空心铜管里面通上循环水，可以在感应炉工作时给线圈降温。根据感应炉的工作频率，可以将其分为工频（50 Hz 或 60 Hz）、中频（低于 10000 Hz）、高频（高于 10000 Hz）等类。工频感应炉主要用作冶炼铸铁或保温，中频感应炉广泛应用于各种有色金属的熔炼，高频感应炉在首饰加工行业具有重要的作用。

电磁炉和感应炉都是利用涡流产生热为我们服务，而有的时候我们并不希望电路元件产生热而白白浪费能源。例如，我们使用的变压器就是采用彼此绝缘的硅钢片相互叠加来降低涡流的影响。图 4-14 所示是变压器的工作原理，在环形的铁芯上绕制两组线圈，接电源一端的线圈称为原线圈，而接用电器一端的线圈称为副线圈。当原线圈中电流发生变化时，会在铁芯中感应出变化的磁场，从而在副线圈中产生感应电动势。如果环形铁芯用整个铁块制成，铁芯中磁场发生变化时，会在铁芯中产生很强的涡流，导致变压器发热。因此，这里的铁芯使用彼此绝缘且电阻比较大的硅钢片制成。

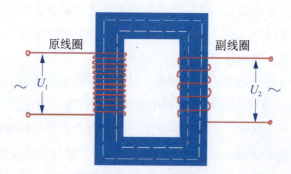

图 4-14 变压器的工作原理

中华人民共和国成立后，我国在大型变压器方面经过了半个多世纪的探索与研究，经历了从无到有、从有到精的质的转变，逐渐走到世界先进行列。1952 年，中国自主研制了第一台大容量变压器"五千号"，开启了中国的大型变压器制造新征程，打破了西方国家在大型变压器方面的技术垄断。1970 年，中国第一台 330 kV 有载调压自耦变压器诞生，解决了我国电力输送方面的难题。2021 年，国内首台 330 kV 车载移动式变压器投入运行,解决了应急供电容量小、结构单一等问题。

感应炉的发展

1956 年,中国从苏联引进了感应炉,用于汽车工业的发展。1964 年 7 月 1 日,上海机械制造工艺研究所研制成功第一台国产 1.5 t 无铁芯工频感应电炉。2008 年,沈阳仪表科学研究院自主设计制造了 2 t 大型真空感应熔炼炉,使中国摆脱了 2 t 以上大型感应炉依靠进口的局面,填补了国内空白。该设备的成功研制降低了中国冶金产业的生产成本,提高了经济效益,同时推动了中国大型冶炼设备国产化的步伐。2013 年,沈阳仪表科学研究院又成功开发了具有自主知识产权的国内首台套 2.5 t 大型五室半连续真空感应熔铸炉,可实现特殊钢、高温合金、精密合金、铜基合金等高端特种材料的制备,进一步缩小了与国外先进水平的差距。

2020 年,中国研制成功新一代高容量 La-Y-Ni 系储氢合金材料,打破了国际垄断,可满足高容量、超低自放电镍氢电池需求。该储氢合金材料的研制就是利用感应电炉,采用浇铸、快淬的工艺进行的。

随着国家科技的进步,在感应炉的研制方面会有更多的设备国产化,真正实现制造到智造,提升科技研发能力及产品科技含量。2020 年,第三届中国国际进口博览会上有一款全区域烹饪的感应炉概念机。或许在不久的将来,感应炉将不仅在重工业方面发挥作用,还会进入我们的日常应用。

小试牛刀

请查阅资料,结合本节对电磁炉、感应炉、变压器的分析,解释车站的安检门、军事上所用的排雷装置是如何探测金属物体的。

第5节 磁悬浮列车的伟大设计

生活物理

我们在读古诗时常会看到古人折柳送别,依依不舍。古代交通极不发达,人们相互告别也许就是今生的别离。贺知章的《回乡偶书》:"少小离家老大回,乡音无改鬓毛衰。儿童相见不相识,笑问客从何处来。"写出了诗人返回故乡后的悲喜交集与感慨。随着交通运输业的发展,从蒸汽机车发展到内燃机车,又有了电力机车,速度也从最开始的几十千米每小时发展到了现在近 400 km/h。人们对出行速度和舒适性的要求越来越高,需要发展新型的交通运输网络来满足越来越快节奏的社会需求。

要让列车运行速度更快,需要想办法减少阻力的影响,所以我们给列车安装轮子,将滑动摩擦力替换为滚动摩擦力。如果能将列车悬浮起来,使其和轨道脱离接触,岂不让滚动摩擦力也消失,速度更快?磁悬浮列车应运而生,其与轨道相分离。如果进一步将列车装在真空隧道里,是否连空气阻力也没有了?科学家正在进行科技攻关,让这种无阻力的列车早日为我们服务。

科学实验

将两个环形磁体的 S 极或者 N 极相对着串在铅笔上,两个磁体靠近时会发生排斥。将铅笔竖起来放在桌上(见图 4-15),可以看到有一个磁体悬浮起来。

图 4-15 悬浮实验

磁悬浮列车一般是指磁浮列车，具有噪声小、振动小、爬坡能力强等优点，在短途市政交通领域具有独特的优势。早在1922年，德国工程师赫尔曼·肯佩尔就提出了利用电磁实现悬浮的原理。此后，德国、日本、美国等发达国家开始了磁悬浮技术的相关研究，其中德国、日本在磁悬浮领域取得了令世界瞩目的成果，比较有代表性的有：德国采用的常导型磁悬浮列车系统，利用电磁铁和铁磁轨道的相互吸引来实现悬浮；日本所采用的超导型磁悬浮列车系统，利用超导磁铁产生大的磁场，与轨道上的感应磁场共同作用实现列车悬浮。悬浮列车的发展把铁路交通推向了一个高峰时刻。

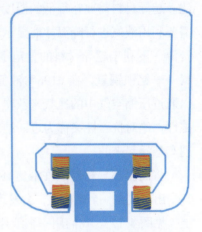

磁悬浮列车应用了磁体间同名磁极相互排斥或者异名磁极相互吸引的原理。图4-16所示是磁悬浮列车的一种结构图，磁悬浮列车紧紧抱在轨道上，轨道上的磁极和列车上的磁极相互吸引，使得列车悬浮起来，间隙大约为10 mm。

图4-16　磁悬浮列车的悬浮原理

磁悬浮列车是如何被驱动的呢？我们知道，汽车牵引力是依靠车轮的静摩擦力提供的。但是磁悬浮列车没有和地面接触，无法靠摩擦力来提供动力，难道要像飞机一样进行喷气？磁悬浮列车使用的是直线电机，你可以想象将一台电动机沿着半径方向切开后铺成直线。直线电机的线圈是条状的，通电后会产生一个行波磁场，推动磁浮列车沿着轨道前进。通过磁场之间的相互作用就可以驱动磁悬浮列车前进了。

磁悬浮技术的发展极大地丰富了我们的出行方式，给我们的生活带来了便利。实现磁悬浮技术的发展将会带动多个学科方向的突破，从材料研发、控制系统、管理等多方面促进科学的进步，同时也体现了综合工业能力的提高。现在磁悬浮列车的建造及运营成本也是发展磁悬浮列车需要考虑的问题之一，或许不久的将来，可以建成覆盖全国的磁悬浮交通网络。

超导磁悬浮列车

超导磁悬浮列车与常导磁悬浮列车相比，可以达到更快的速度，而且结构更简单，在远距离干线交通领域有着较大的应用潜力。超导磁悬浮列车的研制离不开超导材料的发展。超导材料自1911年被发现以来，引起了科学家们的广泛关注。超导材料需要在很低的温度下才能处于超导态，如早期发现的低温超导材料需要利用液氦进行降温才能显示超导电性，而液氦在地球上非常稀有，属于战略资源，不利于超导材料的大范围应用。1987年，中国科学家研制出高温超导材料——钇钡铜氧，在-196℃液氮环境中就可实现超导。液氮是比较廉价的，可以通过压缩空气中的氮气来获得。超导材料具有两个性质：零电阻特性和绝对抗磁性。绝对抗磁性又称为迈斯纳效应，超导磁悬浮列车正是利用了绝对抗磁性让列车悬浮起来的。

将高温超导材料放在液氮环境中冷却几分钟，然后将其拿出来放在一个磁体上，会发现高温超导体会悬浮在磁体上（见图4-17）。我们用一个纸片穿过超导体和磁体之间的空间，超导体也不会落下。超导体放在磁体上方时，超导体内部磁感应强度为零，磁感线并不能穿过超导体，表现出绝对抗磁性。由于这个原因，超导体可以稳定地悬浮在磁体上方。我们用手拨动超导体，会发现超导体很快回到原来的位置，就好像被锁定在了磁体上部。甚至我们将磁体倒置，超导体也可以稳定地悬浮在磁体下方，而不掉落。这主要是由磁通钉扎效应（锁磁性）引起的。超导体在临界温度下不但有抗磁性，还产生了对磁体的吸引力。

图4-17 超导磁悬浮

利用高温超导磁体制造磁悬浮列车时，将磁体铺在列车轨道上，高温超导材料安装在列车上。在列车上的高温超导材料中灌注液氮后，高温超导材料保持处于超导态。列车运行时只会沿着导轨运动，不需要考虑导向控制系统，也不用担心侧翻，可实现安全运行。超导磁悬浮列车不但运行速度快，而且列车的悬浮不需要消耗电能,维护费用低,全寿命周期成本少。

2021 年 1 月 13 日,由西南交通大学研发设计的世界上首台高温超导磁悬浮列车工程化样车在成都亮相。试验线全长 165 m,设计速度可以达到 620 km/h。与其他列车相比,超导磁悬浮列车极大地提高了运行速度,节约出行时间。将超导磁悬浮列车放在真空管道中运行,运行速度有望达到 1500 km/h。西南交通大学在 2018 年便搭建了全球首个真空管道超高速磁悬浮列车环形试验线平台,为高温超导磁悬浮列车的进一步提速提供科研保障。

中国磁悬浮列车的发展

磁悬浮列车是未来地面交通的发展趋势。2006 年 4 月 27 日,世界上第一条商业化运营的磁悬浮线路——上海磁悬浮列车示范运营线正式投入商业运营。该条线路是中国引入德国技术建设的常导磁悬浮线,连接上海浦东龙阳路地铁站和浦东国际机场。这条磁悬浮线路全长 30 km,列车最大运行速度可以达到 430 km/h,不到 8 min 便可跑完全程。在上海磁浮龙阳路站设立的上海磁浮交通科技馆被上海市科学技术委员会、上海市文化和旅游局命名为"科普旅游示范基地"。上海磁悬浮线路的成功运行不仅可以带动交通运输发展,也具有展示和旅游观光的功能,为中国高精尖技术的发展积累宝贵经验,助力中国走向新型工业化道路。如果说上海的金茂大厦和东方明珠代表了上海高度,那么上海磁悬浮线路则代表了上海速度。

引进技术后最重要的还是提升自己的科技创新水平。2016 年 5 月 6 日,中国首条拥有完全自主知识产权的中低速磁浮线路——长沙磁浮快线正式开通运营。这条线路的开通运行标志着中国磁浮技术实现了从研发到应用的全覆盖,成为世界上少数几个掌握该项技术的国家之一。这条线路的实施推动中国磁悬浮技术走在了世界的前列,成为国家的又一张新名片。这条线路全长 18.55 km,连接了长沙火车南站和长沙黄花机场,全程运行时间约 20 min,并于 2021 年 7 月 1 日实现全面提速,进一步缩短了运行时间。

在长沙磁浮快线运营后,为进一步加快中国磁浮技术发展步伐,2017 年 12

月30日，北京磁浮交通示范线S1线正式开通试运营，并于2021年年底实现全线开通运行。这是中国第二条中低速磁悬浮线路，线路全长10.2 km。这条线路设置了8座车站，贯穿门头沟、石景山，大大改善了首都西部地区的快速交通条件，给城市发展带来新的活力。

2022年7月30日，凤凰磁浮观光快线正式营业，成为中国首个将磁浮、文化和旅游融合起来的项目，形成文旅新标杆。线路全长9.1 km，包括四座车站，两座预留车站，将凤凰美景、湘西文化、公益特产进行融合，让乘客尽享凤凰之美。凤凰古城站、凤凰迎宾站、凤凰揽胜站、凤凰等待站分别以古城印象、沱江记忆、凤凰揽胜、苗家新韵为主题，展示了凤凰的生态与文化特色。

除了已经商业化运营的磁浮线路，中国还有很多线路正在建设和规划中。中国科技工作者还在积极探索新的磁浮技术，并建成相应的试验线。2022年8月9日，在江西兴国县，世界上首列永磁磁浮空轨列车首发。这条线路全长878 m，是永磁磁浮轨道交通工程试验线。该条线路将永磁磁浮技术和空轨技术进行了完美结合，是中国在磁浮技术方面取得的又一重大突破。

小试牛刀

查阅相关资料，说明现在的高铁、常导磁悬浮、超导磁悬浮在技术及应用方面有哪些优缺点。

第 5 章
广泛应用的交流电

第 5 章　广泛应用的交流电

第 1 节　发电机是如何工作的？

生活物理

19 世纪 60 年代后期，第二次工业革命开始，人类进入"电气时代"。第二次工业革命极大地推动了社会生产力的发展，对人类社会的经济、政治、文化、军事、科技和生产力产生了深远的影响。这个影响一直延伸到我们当下的生活。电气化时代的今天，从日常的照明到工厂的生产制造，我们的生活越来越离不开电。那么，我们需要的大量的电能是如何产生的？发电机又是如何工作的？（见图 5-1）

图 5-1　发电机能流图

科学实验

有一种手电筒（见图5-2），使用的时候需要我们用力反复手握，然后就能够发光。如果停止握动，灯光会逐渐变暗，直至灯灭。灯亮说明有电，而灯灭说明没电。大家可以体验一下发电的过程，仔细观察并思考，电能从哪来，又到哪去了？发电的过程中你听到了什么？又观察到了什么？

图5-2　手握发电手电筒

如果把手握发电手电筒拆开，大家就会发现里边的发电核心部件有两部分：磁铁和线圈。它们是如何工作的呢？

原来如此

在之前的阅读中我们已经了解到：法拉第的实验表明，不论用什么方法，只要穿过闭合电路的磁通量发生变化，闭合电路中就有电流产生。这种现象称为电磁感应现象，所产生的电流称为感应电流。而要想有电流，首先要有电动势。动生电动势是导体自身在磁场中做切割磁感线运动而产生的感应电动势，产生动生电动势的那部分做切割磁感线运动的导体就相当于电源。

如果要生电，那就需要一直切割磁感线运动。1831年11月24日，法拉第向英国皇家学会提交了论文，依据实验总结出了产生感应电流的方法，在实验基础上发明了人类历史上第一台感应发电机——圆盘发电机。图5-3所示的简易手摇发电机就是圆盘发电机的一个改版。当旋转手摇发电机的手柄时，会带动线圈在磁场中转动，转动的线圈不断地切割磁感线，在闭合回路里产生

图5-3　简易版手摇发电机

不断变化的感应电流，灯泡被点亮。线圈转得越快，灯泡越亮，说明感应电流越大。

如果把灯泡换成两个并联的反向连接的二极管（见图5-4），再次摇动发电机手柄，二极管交替发光，说明产生的电流方向不停改变。这又是为什么呢？线圈在磁场中沿着同一个方向旋转，线头会缠绕在一起，导致线圈不能继续工作，所以发电机有电刷和铜环的结构（见图5-5）。当线圈在前半周转动时，电流表指针偏转，表明电路中产生了电流；当线圈在后半周转动时，切割磁感线方向相反，电流表指针偏转方向相反。每转过半圈就会经历一次电流换向，也就是说，所发出来的电是交流电。

图 5-4　手摇发电机连接二极管

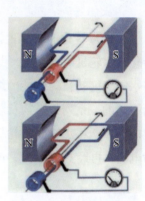

图 5-5　手摇发电机原理

发电厂是如何工作的呢？下面介绍几种常见的发电方式及相应发电厂的工作原理。

1. 火力发电

火力发电是指将煤、石油、天然气等燃料燃烧时产生的内能，通过发电动力装置转化成电能的一种发电方式。从能量转化的角度来看，火力发电厂（见图5-6）中存在三种形式的能量转化过程：在锅炉中燃料的化学能转化为内能，在汽轮机中内能转化为机械能，在发电机中机械能转化为电能，即燃料的化学能—蒸汽的内能—机械能—电能。

锅炉、汽轮机、发电机是火力发电厂中的主要设备，又称三大主机。与三大主机相辅工作的设备称为辅助设备或辅机。主机与辅机及其相连的管道、线路等称为系统。火力发电厂的主要系统有燃烧系统、汽水系统、电气系统等。

火力发电虽然给人们生活带来很多便利，但也存在着不可忽略的弊端：煤燃烧产生的二氧化硫是酸雨的主要原料；燃烧产生的粉尘会使得周围环境的空气变得浑浊，人呼吸这样的空气会使肺部产生病变，严重的还会转化为肺癌；冷却水的排放会使下水道的水体迅速升温，影响污水处理厂的运行，严重影响周围居民的饮水安全。

2. 水力发电

从能量转化的角度上讲，水力发电是水的势能转化成水轮机的机械能，又转化成电能的转换过程。将水的势能转化为电能的综合工程设施称为水电站，它包括为利用水能生产电能而兴建的一系列建筑物及装设的各种设备（见图5-7）。水电站汇集、调节天然水流的流量，将水输向水轮机，经水轮机与发电机的联合运转，将集中的水能转化为电能，再经变压器、变电站和输电线路等将电能输入电网。

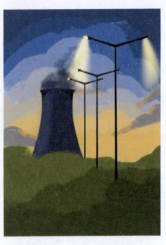

图5-6　火力发电厂

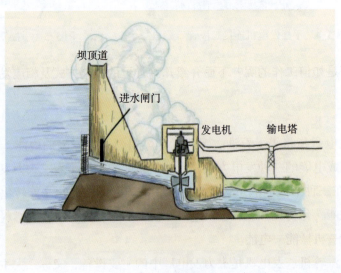

图5-7　水电站截面示意图

水电站有多种不同的分类方法。按照水电站利用水源的性质，可分为三类。①常规水电站：利用天然河流、湖泊等水源发电。②抽水蓄能电站：利用电网中负荷低谷时多余的电力，将低处下水库的水抽到高处上水库存蓄，待电网负荷高峰时放水发电，从而满足电网调峰等电力负荷的需要。③潮汐电站：利用海潮涨落所形成的潮汐能发电。

按照水电站对天然水流的利用方式和调节能力，可以分为两类。①径流式水电站：没有水库或水库库容很小，对天然水量无调节能力或调节能力很小的水电站。②蓄水式水电站：设有一定库容的水库，对天然水流具有不同调节能力的水电站。

中国已建成三峡、葛洲坝、乌江渡、白山、龙羊峡和以礼河梯级等各类常规水电站，建成了潘家口等大型抽水蓄能电站（见潘家口水利枢纽）和试验性的江厦潮汐电站。

3. 核能发电

核电站是利用核能，即原子核裂变反应所释放的能量产生电能的新型发电站。核电站一般分为三部分：利用原子核裂变能生产蒸汽的核岛（包括反应堆装置和一个回路系统）和利用蒸汽发电的常规岛（包括汽轮发电机系统），以及电厂配套设施。人类首次实现核能发电是在1951年。1951年8月，美国原子能委员会在爱达荷州进行了世界上第一次核能发电试验并获得成功。1954年，苏联建成了世界上第一座实验核电站，发电功率为5000 kW。

核电站使用的燃料一般是放射性重金属——铀、钚，主要以反应堆的种类相区别，有压水堆核电厂、沸水堆核电厂、重水堆核电厂、石墨水冷堆核电厂、石墨气冷堆核电厂、高温气冷堆核电厂和快中子增殖堆核电厂等。

以压水反应堆核电站（见图5-8）为例，它以核反应堆来代替火力发电厂的锅炉，核燃料在核反应堆中发生特殊形式的"燃烧"——裂变，产生大量的热，高压力下的水把热能带出，在蒸汽发生器内产生蒸汽，蒸汽通过管路进入汽轮机，推动汽轮机带着发电机一起旋转，使机械能转变成电能。

核电站的选址要求非常高，国际上通行的关于核电站的选址有经济、技术、安全、环境和社会五项原则。从经济原则来看，为使核电站能够有足够的资金来建设和运行，所服务的地区要有足够的用电需求，所以核电站常常选址在经济较发达的地区。从核安全的角度来看，核电站选址必须考虑到公众和环境免受放射性事故释放所引起的过量辐射影响，同时要考虑到突发的自然事件或人为事件对核电站的影响，所以核电站必须选在人口密度低、易隔离的地区。核电站在运行过程中会产生巨大热量，所以核电站必须靠近水源，这也是大型核电站都建在海边的一个重要原因，并且靠海还可以解决大件设备运输问题。

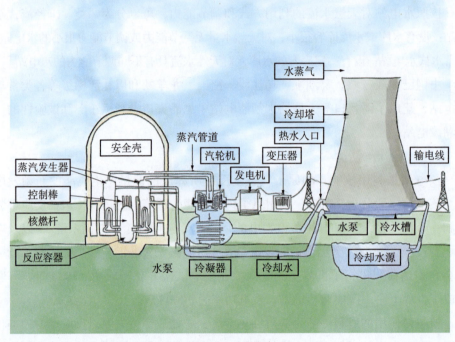

图 5-8　压水反应堆核电站

4. 风力发电

借助风力发电系统可以得到不消耗常规电能的路灯，且不用开沟埋线，高速公路上可用它们做夜晚的路标灯；风力发电的技术可以为山区人民服务，使人们看电视及照明用电与城市同步，山区的孩子可以在日光灯下上晚自习；城市小高层楼顶也可利用风力发电，不但节能，而且是真正的绿色电源。家庭使用风力发电机，不但可以防止停电，还能增加生活情趣。在旅游景区、边防、学校、部队及山区，风力发电正在成为人们生活中的一个热点。

风力发电机同水力机械一样，曾作为动力源替代人力、畜力，对生产力的发展发挥重要作用。由于石油危机,出现了能源紧张的问题,风能作为可再生的、无污染的自然能源又重新引起了人们重视。风力发电正在世界上形成一股热潮,因为风力发电没有燃料问题,也不会产生辐射或空气污染。风力发电在芬兰、丹麦等国家很流行,我国也在西部地区大力提倡风力发电。

风力发电(见图5-9)是利用风力带动风车叶片旋转,再通过增速机将旋转的速度提升,来促使发电机发电。小型风力发电系统效率很高,依据目前的技术,大约3 m/s的微风速度(微风的程度)便可以开始发电。它是一个有一定科技含量的小系统,包括风力发电机、充电器、数字逆变器等。

图5-9　风力发电

风力发电机是将风能转换为机械能再转化为电能的动力机械,由叶片、尾翼、转体组成,每一部分都很重要。叶片用来接收风力并通过机头转化为电能;尾翼使叶片始终对着来风的方向,从而获得最大的风能;转体能使机头灵活地转动,以实现尾翼调整方向的功能;机头的转子是永磁体,定子绕组切割磁感线产生电能。

因为风量不稳定,所以风力发电机输出的是13～25 V变化的交流电,须经充电器整流,再对蓄电池充电,使风力发电机产生的电能变成化学能。然后用有保护电路的逆变电源把电瓶里的化学能转变成交流220 V市电,才能保证稳定使用。

中国的新能源开发——生物质能

除了传统主力化石能源（煤炭、石油），其他能源广义上都是"新能源"；狭义上，有的地方把天然气、水力，甚至核能也排除在"新能源"概念之外。只有太阳能、风能、潮汐能、生物质能是没有争议的"新能源"，各国都在这些热门领域竞争，但是在短期内还无法用这些"可再生绿色能源"完全替代主力能源，尚有技术、政策、自然因素等方面问题有待解决。

中国是一个能源生产大国和消费大国，拥有丰富的化石能源资源，但是中国的人均能源资源拥有量较低，能源资源赋存不均衡，开发难度较大，已探明石油、天然气等优质能源储量严重不足。再加上能源利用技术落后，利用低下，在经济高速增长的条件下，中国能源的消耗速度比其他国家更快，能源枯竭的威胁可能来得更早、更严重。长期以来，这种以煤炭为主的能源结构和单一的能源消费模式造成了严重的环境污染。伴随着经济的快速发展和能源需求量的持续增长，化石燃料燃烧所产生的温室气体排放给环境造成了越来越沉重的压力。面对当前化石能源消耗带来的严重环境危机，调整能源结构已迫在眉睫。日益增长的对外能源需求造成的能源压力也迫使我们不得不寻找解决能源危机的突围之路。

生物质能一直是人类赖以生存的重要能源，它是仅次于煤炭、石油和天然气而居于世界能源消费总量第四位的能源，在整个能源系统中占有重要地位。有关专家估计，生物质能极有可能成为未来可持续能源系统的组成部分，到21世纪中叶，采用新技术生产的各种生物质替代燃料将占全球总能耗的40%以上。

生物质能是世界上应用最为广泛的可再生能源，在呼唤环保建设的今天，无污染的生物质能将会成为热门的能源，为新农村建设带来经济性和环保性的双效收益。目前人类对生物质能的利用包括直接用作燃料的秸秆、薪柴，间接作为燃料的农林废弃物、动物粪便、垃圾及藻类等，它们通过微生物作用生成沼气，或采用热解法制造液体和气体燃料，也可制造生物炭。秸秆属于可再生能源，可保证能源的永续利用。秸秆产能是生物质能里面具有代表性的一种。有资料介绍，植物在燃烧过程中释放二氧化碳，但植物在生长过程中要吸收二氧化碳，释放和吸收是基本平衡的，所以对环境保护有利。同时，从秸秆的化学成分和热值来看，秸秆也有自己的优势，它燃烧产生的灰分不小于10%，而灰分是农作物所需的一种肥料。秸秆作为能源原材料，可用于制作秸秆煤或者用于秸秆发电，是发展循环经济的好项目。

目前利用秸秆发电的途径有两种：一是秸秆气化发电；二是秸秆直接燃烧发电。用得最广泛的是秸秆直接燃烧发电。秸秆发电与常规的火力发电的不同之处主要是燃烧系统因燃料不同而有所变化，重点是燃烧设备的变化，而热力系统的其余部分和电气系统与常规火电厂相同。秸秆燃烧的另一途径是利用已经运行电厂中的锅炉进行掺烧，这既可节约煤，又可增加秸秆利用的途径。由于各地电厂所配炉型不同，可以由秸秆的各种成型来满足不同炉型锅炉的燃烧要求。有一种在煤粉炉中掺烧秸秆的思路是对炉膛中下部稍加改造，增加一块炉排，称之为联合燃烧。还可以对一些按要求关闭的小型火力发电厂的锅炉进行改造或重新建设锅炉装置，将其改造成为生物质能电厂，这也是有利的途径。在新农村建设中使用秸秆发电，有利于减轻农民的负担，同时有利于保护环境。

小试牛刀

手摇发电机中，如果线圈不动，让磁铁转动，产生的电流还是交流电吗？请说出你的观点并加以论述。

第2节 交流电与直流电的世纪之战

生活物理

当今的世界已经是电的世界,在现代生活中,人们几乎没有一天可以离得开电,各种电器(见图5-10)为我们带来便利。早上,我们被电池驱动的手机闹钟唤醒,起床后,我们用电热水器加热的水洗漱,用微波炉、电饭煲等电器准备早餐,之后乘坐装有电瓶的汽车出门,漆黑的夜晚,又是电带来了光明,我们可以打开电视、音响,放松身心……总之,生活因"电"而精彩,现代生活已经离不开电了。在生活电器中,有些是由电池供电,这些绝大多数是直流电器;而有些是交流供电,需要我们连接到家庭电路的插座上使用。直流电和交流电有哪些不同呢?为什么生活中使用这两种电的用电器都存在?

图5-10 生活中的各种电器

第 5 章　广泛应用的交流电

　　如果我们询问家中的老人，家庭中常用的直流用电器和交流用电器有什么区别？那他们的回答绝大多数可能是前者省电、后者费电。为什么在老人心目中会有这样的印象呢？我们得从直流电和交流电的历史说起了。

　　在之前的阅读中我们已经了解到：1800 年，伏打电池的发明引起了科学界的电池研发之路。伏打电池堪称人类的第一种电池。1836 年，英国科学家丹尼尔对伏打电池进行改良：用稀硫酸作为电解液，从而解决了电池极化问题，制造出第一个能保持平衡电流的锌铜原电池。因为这种电池能充电，可以反复使用，所以称它为蓄电池。1887 年，英国人赫勒森发明了最早的干电池，其电解液为糊状，不会溢漏，便于携带，因此获得了广泛应用。1890 年，爱迪生发明了可充电的铁镍干电池，把电池的发明推向一个新阶段。随着科学技术的发展，干电池已经发展成为一个大家族，到目前为止有 100 多种，如锌－锰干电池、碱性锌－锰干电池、镁－锰干电池、锌－空气电池、锌－氧化汞电池、锌－氧化银电池、锂－锰电池等。这些干电池其实就是改良版的伏打电池：用氯化铵的糊状物代替了盐水，用石墨棒代替了铜板作为正极，而外壳仍然用锌皮作为电池的负极。

　　伏打电池提供了产生恒定电流的电源——化学电源，它提供的电流比从静电起电机得到的电流大得多。人们从伏打电池中获得稳定的、持续的电流，使电学从对静电的研究进入对动电的研究，简单的电器也随之而生。但是人们的生产生活需要非常大供电功率的电源，这是当时所有电池所无法达到的。1831 年，英国物理学家法拉第发现了电磁感应现象并发明发电机，使电磁学发展走上了突飞猛进的道路。发电机的出现大大提高了供电功率，标志着电气文明的开始，并引发第二次产业革命，改变人类社会的结构。而发电机所产生的就是交流电。

　　那我们如何来描述交流电呢？

　　从定义来看，交流电是指电流方向随时间做周期性变化的电流，正弦交流电在一个周期内的平均电流为零。而直流电没有周期性变化。我们经常提到的交流电其实是正弦交流电，即瞬时电压随时间的变化呈波形（正弦曲线）的图像，如图 5-11 所示。交流电在某一个瞬间的数值称为瞬时值，瞬时值最大的时候叫作最大值。当瞬时值最大的时候，刚好处于正向的波形小山和负向的波形小山的顶点，所以这个值叫作最大值。瞬时值可以用 $e=V_m\sin\omega t$ 来表示。其中 V_m 是最大值，其大小由交流发电机线圈的形状或磁铁的强弱来决定；ω 是角频率，是单位时间线圈旋转的角度。由于正弦交流电的波形图是在正向波形小山和负向波形小山之间反复变化的，因此可以求出其平均值。在正弦交流电的1个周期内，正向波形小山的面积与负向波形小山的面积相等，所以取其平均的结果是0。因此，求正弦交流电平均值的时候，可以用半个周期来计算。平均值 V_{av} 可以用公式 $V_{av}=2V_m/\pi$ 求得。正余弦交流电的峰值与振幅相对应，而有效值大小则由相同时间内产生相当焦耳热的直流电电压的大小来等效。交流电峰值与有效值的关系为 $V_m=\sqrt{2}\,V_{有}$。我们说的家庭电路电压为220 V，其实是有效值为220 V，其峰值约为311 V。

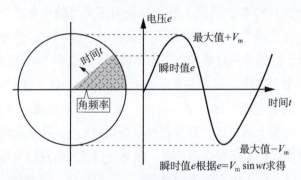

图5-11 正弦交流电波形图

在第1节中，我们了解了很多种发电方式，这些发电方式几乎都运用了交流发电机的原理，即所发的电为交流电。如果把交流电转变为直流电，需要增加额外的装置，也会造成一定的电能损失。如果用交流电进行传输，则能够利用变压器来升压或降压，使得输电过程中的电能损失尽可能减少。交流电的优势还有很多，等待大家进一步挖掘。

测量直流电和交流电电流大小的电流表是如何工作的？

测量直流电路的电流表为磁电式电流表，其表头结构如图5-12（a）所示。

矩形线圈通入直流电后，在磁感线辐向均匀分布的磁场中受到磁力矩 M_1 的作用而绕固定转动轴转动，使固定在转动轴上的指针发生偏转。在线圈转动过程中，其平面总与磁感线平行，则安培力的力矩 M_1=NBSI（N 为线圈匝数、B 为磁感应强度、S 为线圈面积、I 为电流大小）将不随偏转角而改变。另一方面，图 5-12 (b) 所示线圈的转动使安装在转动轴两端的两只平行螺旋弹簧扭紧或扭松而产生反方向的弹力矩 M_2。当 M_2 与 M_1 达到平衡时，指针偏转到确定的角度。测量时指针偏转的角度与电流 I 成正比，所以电流表表盘的刻度是均匀的。

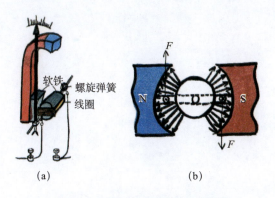

图 5-12　磁电式电流表的内部结构

如果让正弦交流电直接通过表头，由于电流表指针的摆动跟不上电流方向的变化，不太灵敏的磁电式电流表的指针不能偏转，而比较灵敏的磁电式电流表的指针可能会飞速摆动。因此，磁电式电流表不能直接用于测量交流电路。

那么，可不可以在此基础上做些改进使它可以测交流电呢？可以采用的一种办法是先将交变电流变换为半波脉冲直流电（半波脉冲直流电波形图见图 5-13）。当半波脉冲直流电通过表头的线圈时，可使指针偏转到确定的角度，此时其磁力矩的大小由脉冲直流电的平均值决定。其偏转只能反映瞬时转矩的平均值，所以最后还要通过平均值与有效值的关系将平均值的电压或电流转换成有效值

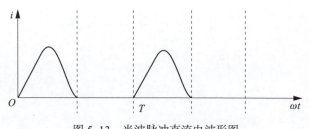

图 5-13　半波脉冲直流电波形图

刻度。这种改装电表叫作整流式电表，其优点是灵敏度高、线路简单、正弦波时读数准确；缺点是非正弦波时误差很大。

请查阅资料，简要说明整流二极管在电路中的作用及如何利用整流二极管把交变电流变换为半波脉冲直流电。

第3节 中国科技之光——特高压输电技术

生活物理

在上一节中，我们提到了远距离输电过程中要利用变压器升高电压，进行高压输电。我们也经常能够看到架得高高的高压输电线（见图5-14）。那么，为什么要用高压输电呢？是不是电压越高越好呢？

图 5-14　高压输电线

科学实验

如果我们手握一个装满水的水杯迅速向前奔跑，水杯中的水量和奔跑的距离有什么关系呢？一般来说，奔跑的距离越远，水杯中的水越少，也就是说，路上的损耗越大。

原来如此

正如"科学实验"中所描述的,在远距离输送电能过程中,输送距离越远,损耗的电能越多。为什么输电会有损耗,损耗的原因是什么呢?输电要用导线,导线当然有电阻,如果导线很短,电阻很小,可以忽略,而远距离输电时,导线很长,电阻很大,不能忽略。而当电流流过电阻时,由焦耳定律($Q=I^2Rt$)可知,电阻会发热。也就是说,在输电的过程中,损失的电能转化为了内能。减少输电损耗就是减少发热量Q。

根据我们所学,减小发热量Q有以下三种方法:一是缩短输电时间t,二是减小输电线的电阻R,三是减小输电电流I。可以看出,第三种办法是最有效的:电流减小一半,损失的电能就降为原来的四分之一。要减小电能的损失,可以减小输电电流,但是输送电能的功率必须足够大才有实际意义。根据公式$P=UI$,要使输电电流I减小,而输送功率P不变(足够大),就必须提高输电电压U,如图5-15所示。

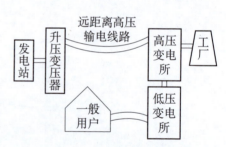

图5-15 高压输电的能量损耗

由此可见,输电电压越高,输电电流就越小,输电过程中的能量损耗也就越小。确实是输电电压越高越有利。

思维拓展

如何使输电电压升高?

使电压发生变化的仪器叫作变压器,其结构示意图如图5-16所示。变压器是利用电磁感应的原理来改变交流电压的装置,主要构件是初级线圈(匝数为N_1)、次级线圈(匝数为N_2)和铁芯。

第 5 章　广泛应用的交流电

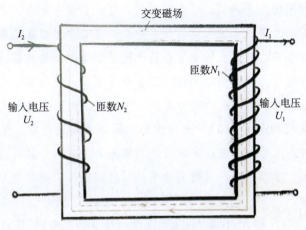

图 5-16　变压器结构示意图

当变压器的初级线圈接在交流电源上时，铁芯中便产生交变磁通量，而交变磁通量在铁芯的传递下到达了次级线圈（可认为磁通量在理想变压器中传递没有损失）。由法拉第电磁感应定律可知，$U_1 = N_1 \dfrac{\Delta \varphi}{\Delta t}$，$U_2 = N_2 \dfrac{\Delta \varphi}{\Delta t}$。由此可见，$\dfrac{U_1}{U_2} = \dfrac{N_1}{N_2}$。也就是说，我们控制了初级线圈和次级线圈的匝数比就可以控制变压器升压还是降压了。在中国，远距离输电过程中，将发电厂发出的电利用升压变压器进行升压，抵达用户前利用降压变压器进行降压，使入户电压为 220 V 左右。

特高压输电技术

我们之前提到的高压输电是指输电电压为 35 kV～220 kV 的输电线路。而除此之外，各国都在努力研制输电电压更高的输电线路，这些输电电压更高的输电线路分别是什么呢？

超高压输电是指使用 330 kV～750 kV 电压等级输送电能。若以 220 kV 输电成本为对照，超高压输电每千米的相对投资、每千瓦时电输送百千米的相对成本以及金属材料消耗量等均有大幅度降低，线路走廊利用率则有明显提高。

随着电能利用的广泛发展,许多国家在兴建大容量水电站、火电厂、核电站以及电站群,而动力资源又往往远离负荷中心,只有采用超高压输电才能有效而经济地完成输电任务。超高压输电可以增大输送容量和传输距离,降低单位功率电力传输的工程造价,减少线路损耗,节省线路走廊占地面积,具有显著的综合经济效益和社会效益。另外,大电力系统之间的互联也需要超高压输电来完成。

特高压输电指的是用 750 kV 及以上的电压等级输送电能,是世界上最先进的输电技术。特高压输电是在超高压输电的基础上发展的,其目的仍是继续提高输电能力,实现大功率的中、远距离输电,以及实现远距离的电力系统互联,建成联合电力系统。特高压输电具有明显的经济效益。据估计,1 条 1150 kV 输电线路的输电能力可代替 5~6 条 500 kV 线路,或 3 条 750 kV 线路;可减少三分之一铁塔用材,节约二分之一导线,节省包括变电所在内的 10%~15% 的电网造价。1150 kV 特高压线路走廊约仅为同等输送能力的 500 kV 线路所需走廊的四分之一,这会给人口稠密、土地宝贵或走廊困难的国家和地区带来重大的经济效益和社会效益。

中国人口众多,大多数人口都集中在中东部地区。经济较发达、人口众多的中东部地区必然要消耗更多的能源,主要是需要更多的电力供应。前面说到,电是从发电厂发出来的,而发电厂靠什么来发电呢?在中国,发电厂主要靠烧煤或靠水力来发电,也有少量的用核能发电。用煤发电的叫作火电厂,靠水力发电的叫作水电厂,用核能发电的叫作核电厂。换句话说,要想发电,就要有煤炭或者水力资源(核能发电只占很少部分)。可是,中国的煤炭储藏主要在山西、陕西、内蒙古东部、宁夏以及新疆部分地区,中东部省份煤炭储藏量很少。水力资源主要分布在西部地区和长江中上游、黄河上游以及西南的雅砻江、金沙江、澜沧江、雅鲁藏布江等。也就是说,需要大量电力供应的中东部地区缺少用来发电的资源,能用来发电的煤炭、水力资源集中在上千千米之外的地区。

针对于此,目前国家采取输煤和输电两个策略。把西部的部分煤炭通过铁路运到港口,再装船运到江苏、上海、广东等地,简称输煤;用西部的煤炭、水力资源就地发电,再通过输电线路和电网把电送到中东部地区,简称输电。

我们先来看看输煤的策略。先要把从煤矿挖出来的煤装上火车,经过上千千米到达港口,卸在码头临时储存。再装到万吨级的轮船上,从海上长途运输到目的地港口，又要卸煤、储存。最后利用火车等运输工具运到当地的火电厂储煤场，卸下储存待用。整个输煤过程要经过三装三卸，中途还要储存，要借助火车、轮船等运输工具，所以运输成本很高，甚至比在煤矿买煤的费用都要高。经过专家的技术经济计算比较，在中国，如果煤矿与发电厂的距离超过 1000 km，采取输煤策略就不合算了。

那么输电呢？用西部的煤炭、水力就地发电，只要在当地建火电厂或水电厂即可。建电厂当然要花钱，尤其是建水电厂投资较大，但这是一次性投资，管用很多年。另外，要建输电线路，把电送到中东部地区。

2013 年 9 月 25 日，世界首个 1000 kV 同塔双回交流特高压输电工程——皖电东送（淮南至上海）正式投运。至此，国家电网已建成 2 项 1000 kV 交流和 2 项 ±800 kV 直流工程，标志着中国特高压建设取得了新成果。国际电工委员会（IEC）主席克劳斯·乌赫勒指出，和中国一样，世界上许多国家存在能源资源分布不均的情况，如德国就需要通过特高压把风电从北部送到南部。特高压能够减少长距离输电的损耗，在世界上其他国家和地区也有着广泛的应用前景。中国的特高压输电技术在世界上处于领先水平，作为国际标准电压，中国的特高压交流电压标准将向世界推广。

小试牛刀

如果在远距离输电过程中，升压变压器初级和次级线圈匝数分别为 N_1 和 N_2，降压变压器初级和次级线圈匝数分别为 N_3 和 N_4。N_1 和 N_2 有怎样的大小关系？N_3 和 N_4 有怎样的大小关系？如果接收端电压与发电厂发出电压一致，那么 $N_1 : N_2$ 与 $N_4 : N_3$ 又有怎样的大小关系？

第 4 节　你知道三相交流电吗？

生活物理

通过前几章的学习，我们已经知道生活中的用电都是交流电。我们要用电器时就将电器的电源线插入插座（见图 5-17），想必大家都不陌生了。普通电器插入上边的两孔插座中使用，比较大的金属外壳电器插入下边的三孔插座中使用。那么大家有没有看到过四孔插座（见图 5-18）呢？这就是三相四线电源插座。两种插座有什么区别？插座上的几个孔都有哪些作用呢？

图 5-17　家庭电路的电源插座

图 5-18　三相四线插座

科学实验

准备一支试电笔，在成年人的监督下，用正确的操作办法测量家庭电路中的插座插孔。请仔细观察，哪个孔可以使试电笔中的氖管发光？如果测量三相四线电源插座，会有几个孔可以使电笔中的氖管发光呢？

第 5 章 广泛应用的交流电

原来如此

在第 2 节的学习过程中，我们认识了正弦交流电的电压 $e = V_m \sin\omega t$；中国的家庭电路电压为 220 V，是其有效值。其实中国家庭电路中供电的有两条线：零线和火线。火线的电势变化符合正弦变化规律，而零线与大地等电势，故家庭电路的电压为火线和零线的电势差，即仍然是 $e = V_m \sin\omega t$。我们将试电笔插入插座插孔，若氖管发光，则说明连接的为火线。

在三相电源中，有三根火线和一根零线，而三根火线是三个相位差互为 120° 的对称正弦交流电的组合（见图 5-19）。日常用电系统中的三相四线制中电压有效值为 380/220 V，即线电压为 380 V，而相电压则随接线方式而异：若使用星形接法，相电压为 220 V；若使用三角形接法，相电压则为 380 V。

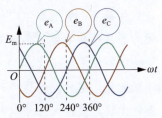

图 5-19　三相交流电波形图

三相电的星形接法是将各相电源的一端都接在一点上，而它们的另一端作为引出线，分别为三相电的三条相线，如图 5-20（a）所示。在星形接法中，可以将中点（称为中性点）引出作为中性线（也就是零线），形成三相四线制。

三相电的三角形接法是将各相电源依次首尾相连，并将每个相连的点引出，如图 5-20（b）所示。三角形接法没有中性点，也不可引出中性线，因此只有三相三线制。额外添加地线后，可以成为三相四线制。

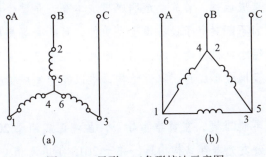

图 5-20　星形、三角形接法示意图

三相制的主要优点：电力输送节省导线；能产生旋转磁场，且为结构简单、使用方便的异步电动机的发展和应用创造了条件；不排除对单相负载的供电。因此，三相交流电获得了广泛的应用。

"三生万物"重塑电致发光器件

柔性电子是近年来全球学术界和产业界研究开发的热点。其中，电致发光器件起步最早，具有非常广泛的应用前景。然而，电致发光器件大多功能单一，封闭的器件结构导致传感功能难以集成，进而难以满足泛物联网时代对发光器件智能性的新要求。

此外，电致发光器件大多采用直流电或单相交流电驱动，这也导致电致发光器件无法直接接入三相电网，且需要复杂的后端电路，造成新的能源消耗并增加运行成本。

2021年，由中国科学院院士、西北工业大学柔性电子前沿科学中心首席科学家黄维领衔团队联合北京大学深圳研究生院教授孟鸿课题组，创造了全球首个由三相交流电驱动的电致发光器件，同时成功赋予该器件开放式传感接口，可满足多种智能传感功能需要。

应用在柔性电子中的传统光电器件，无论是无机发光、有机发光，还是量子点和钙钛矿发光二极管，都是"三明治型"叠层结构，需要在功能层两侧夹两个电极。为了保证发射或吸收光，其中至少一个电极必须透明。

这给行业发展造成瓶颈。首先，透明电极成本高，是整个器件成本构成的主要部分。其次，人们不断对电子设备提出可拉伸、可折叠等更高的要求，而电极透明性需求会大大缩小电极可选择的范围，限制了在未来智能可穿戴应用中的发展。再次，上下电极堆叠形成封闭器件结构，难以直接集成传感模块，实现传感和人机交互功能。

为解决这一世界性难题，在黄维指导下，孟鸿课题组于2014年成功实现了共平面电极新型电致发光器件结构构思，并于2015年申请相关国际专利。

时至今日，电致发光器件已由只有一个发光单元的"三明治型"结构拓展到具有两个发光单元的共平面电极型结构。

基于共平面电极的新型电致发光器件结构是否可以进一步将电致发光器件的发光单元拓展到三个甚至更多，以在照明、显示、传感等多领域实现更多具有独特吸引力的应用？这正是科研人员亟待解决的问题。

那么，如何用简单的方法实现电致发光器件直接由三相交流电驱动呢？黄维团队构筑了一种具有柔性和多功能的三相电驱动电致发光器件（TPEL）。这是世界上首次报道由三相交流电直接驱动的电致发光器件。该器件结构包括三个独立电极，在每个输入电极顶部均涂有介电层和发光层。它不需要透明导电材料作为电力输入电极，当顶部发光层被极性电桥连接时就会发光。电桥介电常数、偶极矩和黏度均可以影响交流电致发光器件性能。然而，电桥导电性对器件性能并不产生直接影响，甚至可以使用绝缘材料代替昂贵的透明电极。

"道生一，一生二，二生三，三生万物。"古代哲学家老子所说的"三生万物"很适合用来描述全彩显示领域，因为使用三原色就可以在调色板上创造出任何颜色。由于TPEL器件有三个发光单元，可以设计器件结构使三个发光单元分别发射红光、绿光和蓝光，即一个器件发出三种不同颜色，实现像素功能。另外，团队将三相电直接驱动的概念扩展到有机发光器件，制备了三相电驱动的有机发光器件。虽然并没有专门针对新型结构进行优化以实现最高器件性能，但与无机TPEL器件相比，所制备的有机器件达到了更高的亮度和电流效率，证实了三相电的驱动方法广泛适用于各种发光材料。

为制备大面积照明面板，研究团队设计了适用于三相电驱动的特殊叉指电极结构。由三相电直接驱动的大面积发光面板不仅适用于一般固态照明，也可用于交互性显示和传感等。

例如，可交互重写的显示面板：使用蘸水毛笔就可以在面板上任意书写，来自笔刷的水作为极性电桥，只有被墨水覆盖的部分会发光。与其他交互式可重写显示器不同，TPEL面板不仅由三相电源驱动，而且不需要特殊的导电和透明材料，也不需要复杂的压力传感系统和后端电路。

TPEL面板还可以作为传感面板直接连接到220 V、50 Hz远距离三相输电线上。几乎所有威胁电力线路安全的因素，如雨、雪、冻雨、冰积或极端潮湿环境，都可以通过连接TPEL面板检测到，并远程发出光报警。当电力线出现异

常，如相位丢失或三相电压不平衡时，TPEL 面板也可以作为传感器进行远程光通信。

请在图 5-21 中标出可以使试电笔氖管发光的插孔。

图 5-21　电源插座

第 6 章
无处不在的电磁波

第 6 章　无处不在的电磁波

第 1 节　发现一个大家族——电磁波

生活物理

打电话时，我们是用自己的手机拨打对方的手机号码，等对方接通后就可以跟对方交流了。我们的手机发出的信号是怎么让对方手机接收的？对方回应的信号又是怎么传输到我们的手机上的？电视台制作的电视节目是通过何种方式传输到电视机上的？5G 网络和 Wi-Fi 又是如何将我们的电子产品与互联网紧密结合的呢？电磁波在其中起着重要作用，人们是怎么发现和利用电磁波的呢？

科学实验

找一台老式收音机，将一节电池靠近收音机放置。我们试着用一根导线将电池短路连接（见图 6-1），连接后立即断开。反复操作，可以听到收音机中传来"咔咔"的声音，这源自我们用电池发射的电磁波。

图 6-1　电池发射电磁波

原来如此

说起电磁波,就不得不提物理界的三大神一般存在的人物之一——詹姆斯·麦克斯韦(见图 6-2)。麦克斯韦早在 1864 年,电灯都还未出现的时候,就凭纸和笔推导出了麦克斯韦方程组,预言了电磁波的存在,并且根据他所计算的电磁波的速度与当时所测量的光速几乎相等预言光也是一种电磁波。麦克斯韦方程组统一了所有电和磁的现象,就跟牛顿的定律统一了天上和地下,爱因斯坦的相对论统一了空间和时间一样伟大。

电磁波就是以波的形式传播的电场和磁场,再简单点,电磁波是以波的形式传播的能量。它和声波、水波、震荡波一样,本质上都是一种波,只不过它们的速度、传输介质(电磁波可以在真空中传播,不需要传输介质)、能量形式完全不一样。在前面章节我们了解了磁生电现象和电生磁现象,进一步研究它们会发现,变化的电场会产生磁场,变化的磁场会产生电场。这正是电磁波能够将电场和磁场传递下去的原因。

图 6-2 詹姆斯·麦克斯韦

产生电磁波的理论有了,但是如何真正产生和检测电磁波却又是另一个问题。解决这个问题的艰巨历史任务交给了另一个对电磁波做出卓越贡献的人——德国科学家海因里希·鲁道夫·赫兹(见图 6-3)。

麦克斯韦的电磁波理论传到德国后,立马引起了赫兹的注意,他立志要验证电磁波是否存在。1886 年 10 月,赫兹在做一个放电实验时偶然发现了电磁共振现象,此后他进一步用未闭合电路和未闭合的线圈分别产生和探测到了电磁波,并且测得了电磁波的波长、频率和速度,与麦克斯

图 6-3 海因里希·鲁道夫·赫兹

韦的预言完全一致,从而证实了电磁波的存在。从此,电磁波的学说就真正诞生于世,造福人类,并且彻彻底底改变了人们的生活方式。

如今人们依据电磁波的波长或者频率的不同把电磁波分为无线电波(又可分为无线电长波、无线电中波、无线电短波以及微波)、红外线、可见光、紫外线、X射线、γ射线等(见图6-4)。从图中不难发现,我们能看到的可见光是电磁波家族中很小的一部分。

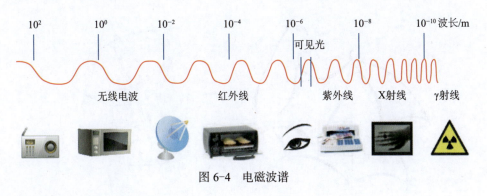

图 6-4 电磁波谱

探测与定位的"千里眼"——雷达

在中国神舟系列载人飞船返回着陆时,多功能相控阵测量雷达作为中国载人航天工程系统的重要组成部分,肩负着飞船返回段的跟踪、测量和落点的预报任务。雷达是怎么实现跟踪、测量和定点的呢?看到"雷达"这两个字,我们马上会联想到闪电雷鸣快速到达的情景,它突出了一个"快"字。它为何这么快呢?

雷达发射的电磁波碰到物体后反射回来,雷达据此测出和目标的距离,这是雷达的基本原理。这与蝙蝠发出超声波,接收回波,以此确定、捕捉目标所在位置的原理基本相同(见图6-5)。

雷达的发明可以追溯到19世纪。1887年,赫兹在证实电磁波的存在时就已发现,电磁波在传播的过程中遇到金属物会被反射回来,就如同镜子可以反射光一样。这实质上就是雷达的工作原理。赫兹在做实验时,通信突然中断,过了几分钟后又恢复了正常。这种现象连续几次出现,起初他以为是机器出现了故障,经检查一切正常。于是，他观察了外部的情况，发现一艘轮船正通过两艘军舰之间，等船驶过后，两舰之间的通信又恢复了正常。俄罗斯科学家亚历山大·波波夫凭着自己敏锐的感觉立刻意识到，就是这只船在经过两舰之间时挡住了无线电波。他由此想到，如果在海洋航线上设置无线电通信设备，就可以利用电波探测到海上目标。但令人遗憾的是，他没有将此想法付诸实践。

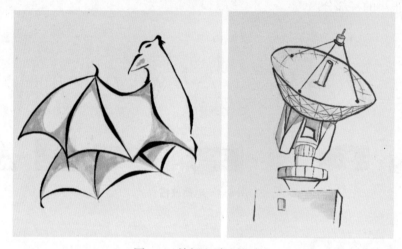

图 6-5　蝙蝠和雷达的对比

直到 1922 年，美国科学家根据波波夫的设想，在海上航道两侧安装了电磁波发射机和接收机，当有船只经过时，通过电波马上就可以测出，这就等于在海上设置了一道看不见的警戒线。不过这种装置仍然不能算是严格意义上的雷达。

1935 年，英国著名的物理学家沃特森·瓦特在此基础上发明了一种既能发射无线电波，又能接收反射波的装置，这种装置能在很远的距离探测到飞机的行动，这就是世界上第一台雷达。这台雷达能发出微波，因为微波比中波、短波的方向性都要好，遇到障碍后反射回的能量大，所以探测空中飞行的飞机的性能好。经过几次改进，1938 年这种雷达才正式安装在泰晤士河口附近。在第二次世界大战中，这个长 200 km 的雷达网给希特勒造成极大的威胁。随后，英国海军又将雷达安装在军舰上，在海战中发挥了重要作用。

20 世纪 40 年代后期出现了动目标显示技术，这有利于在地杂波和云雨等杂

第 6 章 无处不在的电磁波

波背景中发现目标。高性能的动目标显示雷达必须发射相干信号。

随着微电子等各个领域科学的进步,雷达技术不断发展,其内涵和研究内容都在不断拓展。雷达的探测手段已经由从前的只有雷达一种探测器发展到了红外光、紫外光、激光以及其他光学探测手段融合协作。当代雷达的同时多功能的能力使得战场指挥员能在各种不同的搜索、跟踪模式下对目标进行扫描,并能对干扰误差进行自动修正,而且大多数的控制功能是在系统内部完成的。

雷达的优点是白天和黑夜均能探测远距离的目标,且不受雾、云和雨的阻挡,具有全天候、全天时的特点,并有一定的穿透能力。因此,它不仅成为军事上必不可少的电子装备,而且广泛应用于社会经济发展(如气象预报、资源探测、环境监测等)和科学研究(如天体研究、大气物理、电离层结构研究等)。星载和机载合成孔径雷达已经成为当今遥感中十分重要的传感器。以地面为目标的雷达可以探测地面的精确形状,其空间分辨力可达几米到几十米,且与距离无关。雷达在洪水监测、海冰监测、土壤湿度调查、森林资源清查、地质调查等方面也显示出了很好的应用潜力。

中国移动通信技术研发的重大突破——5G 技术

2021 年 12 月 14 日,中国工程院发布"2021 全球十大工程成就",第五代移动通信技术(5G 技术)入选。

第五代移动通信技术是具有高速率、低时延和大连接特点的新一代宽带移动通信技术,5G 通信设施是实现人-机-物互联的网络基础设施。2016 年 1 月,中国 5G 技术研发试验正式启动,于 2016—2018 年实施,分为 5G 关键技术试验、5G 技术方案验证和 5G 系统验证三个阶段。2016 年 5 月 31 日,第一届全球 5G 大会在北京举行。本次会议由中国、欧盟、美国、日本和韩国的 5 个 5G 推进组织联合主办。工业和信息化部部长苗圩出席会议并致开幕词。苗圩指出,发展 5G 已成为国际社会的战略共识。5G 将大幅提升移动互联网用户业务体验,满足物联网应用的海量需求,推动移动通信技术产业的重大飞跃,带动芯片、软件等快速发展,并将与工业、交通、医疗等行业深度融合,催生工业互联网、车联网等新业态。

2018年2月27日，华为在MWC2018大展上发布了首款3GPP标准5G商用芯片巴龙5G01和5G商用终端，支持全球主流5G频段，包括Sub6GHz（低频）、mmWave（高频），理论上可实现最高2.3Gbps的数据下载速率。

2022年10月31日是中国5G正式商用三周年的日子。中国电信与中国联通已建成了业界规模最大、速率最快的全球首张5G独立组网共建共享网络。

5G技术对我们的生活有哪些改变呢？

出行方面，5G的车联网助力汽车、交通应用服务的智能化升级。5G网络的大带宽、低时延等特性，支持实现车载VR视频通话、实景导航等实时业务。借助于车联网的低时延、高可靠和广播传输特性，车辆可实时对外广播自身定位、运行状态等基本安全消息，交通灯或电子标志标识等可广播交通管理与指示信息，支持实现路口碰撞预警、红绿灯诱导通行等应用，显著提升车辆行驶安全和出行效率，后续还将支持实现更高等级、复杂场景的自动驾驶服务，如远程遥控驾驶、车辆编队行驶等。5G网络可支持港口岸桥区的自动远程控制、装卸区的自动码货以及港区的车辆无人驾驶应用，显著降低自动导引运输车控制信号的时延，以保障无线通信质量与作业可靠性，可使智能理货数据传输系统实现全天候、全流程的实时在线监控。

教育方面，5G的应用主要围绕智慧课堂及智慧校园两方面开展。5G+智慧课堂，凭借5G低时延、高速率特性，结合VR、AR、全息影像等技术，可实现实时传输影像信息，为两地提供全息、互动的教学服务，提升教学体验；5G智能终端可通过5G网络收集教学过程中的全场景数据，结合大数据及人工智能技术，可构建学生的学情画像，为教学等提供全面、客观的数据分析，提升教育教学精准度。5G+智慧校园，基于超高清视频的安防监控可为校园提供远程巡考、校园人员管理、学生作息管理、门禁管理等应用，解决陌生人进校、危险探测不及时等校园安全问题，提高校园管理效率和水平；基于AI图像分析、GIS（地理信息系统）等技术，可在学生出行、活动、饮食安全等环节提供全面的安全保障服务，让家长及时了解学生的在校位置及表现，打造安全的学习环境。

5G应用在生活中的方方面面（见图6-6），改变着我们的生活，大家一起细心挖掘吧。

第 6 章　无处不在的电磁波

图 6-6　5G 技术在生活中的应用

请查阅资料，说一说激光雷达与微波雷达的不同之处。

第 2 节　你知道莫尔斯电码吗？

生活物理

大家喜欢看谍战电影或者电视剧吗？目前大多数谍战类影视作品取材于20世纪上半叶，在当时还没有互联网通信，那么当时人们是怎么传递情报信息的呢？大家可能会想到发电报（见图6-7）。那么大家知道电报机的原理吗？这项伟大的设计又是出自何人之手呢？

图6-7　通信员发电报

科学实验

准备一个大铁钉、一节干电池、若干曲别针和一段铜线，将铜线缠绕在铁钉上，两端分别接在电池两端（见图6-8）。将铁钉靠近曲别针，会有

第 6 章 无处不在的电磁波

什么神奇的现象发生？断电后，又有什么变化呢？我们发现，通电后的铁钉就像磁铁一样吸引了曲别针，断电后又丧失了这种能力。

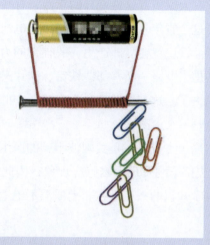

图 6-8 电磁铁实验

原来如此

1844 年 5 月 24 日，在华盛顿国会大厦联邦最高法院会议厅里，塞缪尔·莫尔斯（见图 6-9）向应邀前来的科学家、政府人士介绍了实验原理后便接通了机器，亲手向约 64 km 外的巴尔的摩城发出一连串的点、划符号，即至今还在使用的莫尔斯电码；等候在巴尔的摩城的盖尔立即将收录的电码译成电文："上帝创造了何等奇迹！"这是人类有史以来拍发的第一份长途电报！

莫尔斯青年时研究过绘画和雕刻，担任过许多艺术团体的重要职务，他不仅是一位年轻有为的艺术家，而且是一位伟大的发明家，他的发明之路似乎源于"偶然"。

图 6-9 塞缪尔·莫尔斯

1832年秋天,"萨丽"号轮船满载旅客和邮件,正在浩瀚的大西洋上破浪而行。这艘邮轮定期从法国开往美国纽约。一天傍晚,吃过晚饭,许多旅客都围坐在餐厅中聊天。这时,只见一位青年从提兜里拿出一块马蹄形的铁块,铁块上缠绕着密密的绝缘铜丝。大家望着这件奇异的东西,有些莫名其妙。

"这叫电磁铁。"这个青年一边说,一边连接上电池,给铜丝通电。

奇怪的事发生了:铁块竟会立即产生一股神奇的力量,把附近的铁钉、铁片一下子吸了过去;可是当电路一断,那些铁钉、铁片又立即纷纷掉了下来,那股神奇的力量也瞬间消失了。这与本节"科学实验"中的现象完全一致,我们用通电导线缠绕的铁钉也是一个电磁铁。

这位青年叫查尔斯·杰克逊,是美国波士顿的医生,对电学研究有着浓厚的兴趣。由于1831年法拉第刚发现电磁感应现象,因此人们对一切电磁现象都感到新奇。热心普及科学知识的杰克逊在船上滔滔不绝地向旅伴们有声有色地介绍着电磁铁的功能。

那什么是电磁铁?电磁铁有什么用处?电磁铁是根据奥斯特发现的电可以生磁的原理制成的,在螺线管里插入一根软铁棒(又叫铁芯),就构成了最简单的电磁铁。螺线管通电后具有磁性,铁在磁场中能够被磁化,因而也具有磁性,对铁、钴、镍等物质产生了吸引力。常用的电磁铁大多做成马蹄形(即U形),目的是让它的两个磁极可以同时吸引物体,增强引力。电磁铁的磁性有无可以由通断电来控制,磁性强弱可以由电流的强弱来控制,南北极可以由通电方向的变换来控制,因此使用起来非常方便,在生产、生活和科技上具有广泛的用途,在电报通信装置中也是必不可少的重要元件。

虽然当时电磁铁的应用刚刚引起人们的重视,杰克逊讲述的也是一些简单的知识,但是同行的旅伴们还是被深深地吸引住了。

"那么,电流通过导线的速度是多少呢?"这时一位皮肤黝黑的中年男子注视着桌上的马蹄铁,很有兴味地向医生发问。

杰克逊回答道:"它的速度极快,无论电线有多长,它都可以瞬息通过。最初当富兰克林进行试验时,在电线的一端刚通上电,隔河电线的另一端几乎同时出现了火花。"

"女士们,先生们!"杰克逊望着睁大了眼睛的听众,提高了嗓音,很兴奋

第6章 无处不在的电磁波

地说,"请记住,人类快要启用一种巨大的力量啦!电磁铁的魔术般的功能和电流的神速,将会使科学创造出电的奇迹,我们的生活也将随之改变。"

那位发问的中年男子不是别人,正是绘画艺术教授莫尔斯,那年他41岁,到欧洲旅行写生后返回美国,没想到杰克逊医生的一席话竟让他的人生发生了转折。从此,他告别了艺术,投身于尚处在幼年时代的电学领域。他在写生本上端端正正地写下了"电报"两个字,立志要完成用电流传递信息的伟大使命。

当时,电磁学在世界上是很引人注意的新事物,可是许多富有经验的电磁学专家做过千百次试验,并未能在电通信方面取得多少进展;而莫尔斯对电磁学的知识可以说是一窍不通,况且年过四十,居然"半路出家",要攀登别人未曾征服过的高峰,这是一场多么艰巨的攻坚战啊!

莫尔斯以坚强的毅力和勇于献身的精神,开始了他的伟大事业。经过半年的刻苦学习,他初步掌握了电磁理论。他把自己的小画室改成实验室,购置了各种电工器材和工具,一次又一次地进行试验。塞满他的房子的已不再是画笔和标本,而是线圈、磁石和导线;他的写生本上也不再是人物像和风景画,而是数不尽的各种方案、草图和科学笔记。他把整个心思和全部时间都凝聚到设计电报机上。

然而,冬尽春来,夏去秋至,三年过去了,失败一个接一个,他的积蓄也几乎花光了,生活极端困苦。在给朋友的信中,他经常这样说:"我被生计压得喘不过气了。我的长袜一双双都破烂不堪,我的帽子陈旧过时了。"为了解决生计问题,1836年,他不得不重操旧业,担任纽约大学艺术及设计教授。当他重握画笔时,不禁感慨万千。他奋笔画了一幅幅信鸽在滔滔大海上与风浪搏击的油画,借以抒发自己的感情。是的,他始终没有忘记自己崇高的理想。他一面教学,一面继续进行试验,几乎把挣得的每一分钱都用到了改进发明上。

莫尔斯在反复的试验中发现了这样一个现象:电流能在很长的电线中迅速地通过,在两个带电导体间如果仅有一个极小的间隙,则会立即迸出明亮的火花。莫尔斯从这里获得启示,经过反复酝酿,他在科学手记上写下了这样一段话:电流是神速的,倘若它能不停顿地走10英里(约16千米),我就能让它走遍全世界。

电流只需截止片刻,就会出现火花,火花就是一种符号;没有火花是另一种符号,火花的时间长又是一种符号。这里有三种符号可以组合起来,代表数字或字母。它们可以构成全部字母,这样文字就能够通过导线传送了。其结果是,在远处能记录消息的崭新工具诞生了！

这个构思确实是电报电码发明史上的一次重大突破。莫尔斯设想用点、划同空白的组合表示字母，这样两地间只需传递两种信号，就可实现任何消息的通信。这种简便而又可靠的方法大大改进了电报的设计和装置。莫尔斯还规定了特定的点、划组合，用以表示各个字母的数字，这就是电信史上最早的编码——莫尔斯电码。

这种莫尔斯电码直到现在还在继续使用。今天，不管电报传送什么内容，不管是哪个国家的文字，也不管是明码还是密码，组成电报的最基本的结构仍然是长短不同的两个信号：短的是点（·），通常叫"嘀"，长的是划（-），通常叫"嗒"，一划的长度等于三点。如字母A的电码是"·-"，B的电码是"-···"；数字1的电码是"·----"，2的电码是"··---"等。在中文电报中，用四个阿拉伯数字编成一组表示一个汉字，如用0022代表"中"字、0948代表"国"字等。

有了这套电码，如何用来实现通信呢？这就必须设计制作一种能传送电码的装置。为此，莫尔斯投入更紧张的工作中。

在莫尔斯坚持不懈的努力和友人热情的帮助下，他终于获得了成功。1837—1838年，他研制成了一台能够在短距离内传送电码的通信机，他把这台机器命名为"电报机"（见图6-10）。

莫尔斯发明的电报机尽管非常简陋而笨重，单是电磁铁差不多就有50 kg，但却

图6-10　第一台电报机

是人类电报通信的雏形，其基本原理与20世纪的人工电报是完全一致的。

我们都知道，人工电报是一种比较简单的电报通信方式，只要有一套收发报机、一副电键、一副耳机，就可以进行两地间的通报。

莫尔斯电报机包括发报机、收报机和连通两者的导线。发报机的主要装置是一个简单的电键和作为电源的一组电池，收报机的主要装置是一个由电磁铁操纵的符号记录器。当发报人将电键按下时，电路接通，电流迅速流经收报机中缠绕在电磁铁上的导线，这时电磁铁的铁芯就被磁化，于是便吸引顶部铁制印字杠杆

第 6 章 无处不在的电磁波

的一端，使之向下，同时使杠杆另一端的子轮向上，压紧电报纸条，留下墨痕。这个小轮的边缘非常薄，并且不断地在墨、油缸内匀速旋转。绕在滚轴上的纸条也由机械操纵着，从卷着空白纸条的轮盘不断地卷到另一个轮子上。当松开电键时，电路中断，收报机中的电磁铁失去磁性，由于印字杠杆另一端弹簧的作用，便使小轮离开纸条，纸上印下的墨痕线条也就中断了。如果电键按下的时间短，纸条上就会留下一个短痕——点的符号（·）；当电键按下的时间是短时间的三倍时，便留下一个长痕——划的符号（-）；当停按电键时，便会得到点和划间的间隔。按照规定把传输的点划符号组合起来，就能表达一定的文字意义，从而完成电报通信任务。

莫尔斯发明了电报机当然十分开心，可是这台机器传送的距离仅有几十米，因此他马不停蹄地继续投入试验。

改进电报装置需要大笔经费，而他的钱早已用光了。他只好抱着电报机去找企业家赞助，然而不仅无人相助，还招来了一连串冷嘲热讽。莫尔斯毫不气馁，东凑西借，省吃俭用，忍痛变卖了珍藏多年的名画，甚至把仅能维持生活的钱也全都用到试验上。

在他最艰难的日子里，有一位名叫盖尔的青年技师专程从外地赶来，自愿做他的助手，同他一道坚持做下去。他们将电报机的电池组数加多，增加环绕电磁铁的线匝，不断地延长通信距离，最后终于使电报机达到了实用水平。

从电报机到通信机

莫尔斯发明了电码和电报机，使电报机成了电波用于通信上的最早的一个发明。莫尔斯不是物理学家和自然科学家，他只是一个普通的画家。但由于莫尔斯看清了形势，迷上了电，爱上了科学发明创造，最重要的还是他生活的时代有不少人已在电波通信方面做了许多探索，并有了可喜的进展，从而使他有可能在借鉴和继承他人成就的基础上发明了电报机。

1753 年，《苏格兰人》杂志上有一篇题为《采用静电的电信机》的文章，文章提出由一条金属线代表一个字母，借电来完成通信的建议。这或许是第一个把电用于通信的设想。它一出现就引起了人们的广泛兴趣，好多人都投入试验。也是在这一年，法国有人在 4 km 距离内接通了电线通电，并发现电的速度极为惊人。

但是通电与通信毕竟是两码事，人们继续研究着。有一个叫摩尔逊的学者，他用 26 根导线分别代表 26 个字母，然后让所需要的导线通电，通电导线末端吸引相应的字母纸片，由此拼成词语，表达人们的想法。遗憾的是当时还没有电池，依靠静电感应不仅通信范围有限，而且效果不理想，使用也不方便。

到了 1822 年，用电通信有了突破性进展。俄国的许林格让导线通电后使磁针左右反复跳动，然后用不同方向的跳动次数来表示相应字母和符号，从而组成词句。英国人威斯顿又改进了许林格的发明，把磁针式通信机（见图6-11）用在了铁路上。

正因为有了上述一系列用电来通信的尝试和发明，莫尔斯才可能取得成功。因此，电报机和电报的发明有点像长跑

图6-11　磁针式通信机

中的接力赛跑，正由于世世代代有心人的相互接力传送才有可能跑完这壮丽的全程！

当然，莫尔斯的功绩是不可磨灭的，莫尔斯电码和莫尔斯电报机都是人类历史上的伟大发明。

小试牛刀

请查找资料，了解电码与密码有何不同。

第 6 章　无处不在的电磁波

第 3 节　无线电通信的前世今生

生活物理

上一节中我们认识了电报机，其实这种电报机和谍战剧中的电报机也有一定的区别，不知道大家发现了吗？我们所认识的电报机是需要电线把发射机和接收机连接在一起的，而谍战剧中的电报机通常是可以随时随地移动的，是无线连接的，它们是如何工作的？当今高速便捷的无线电通信技术又是如何一步步发展起来的呢？

科学实验

在你的手机通讯录里选择一位你特别想见的人，跟他打个视频电话（见图 6-12）。视频通话的过程是否畅通？视频通话成功的必要条件是什么？会有哪些因素限制视频通话呢？

图 6-12　用手机视频通话的两个人

原来如此

我们先来了解一下无线电报。1909 年，诺贝尔物理学奖授予意大利物理学家伽利尔摩·马可尼和德国阿尔萨斯州斯特拉斯堡大学的卡尔·费迪南德·布劳恩，以承认他们在发展无线电报上所做的贡献。

电报是人类社会生产发展过程中迫切要求能进行远距离快速通信的产物。莫尔斯发明了电报，艾尔菲德·维尔发明了电码，很快就建立了长距离的通信网和横跨大西洋的电缆。但是架电线、铺电缆不但很费事，成本也比较高。于是人们想到，如果能不经电线电缆而直接传递信息，岂不是更为方便？于是人们着手发明无线电报。

1895 年，马可尼在自家的花园里成功地进行了无线电波传递试验，次年即获得了专利。1898 年在英吉利海峡两岸进行的无线电报跨海试验成功，通信距离为 45 km；1899 年又建立了 106 km 的通信联系。马可尼从远距离无线电波传递的成功受到启发，坚信可以横跨大西洋传递无线电波。1901 年 12 月，马可尼在加拿大用风筝牵引天线，成功地接收到从大西洋彼岸发来的无线电报。

无线电报成功之后，无线电技术蓬勃发展。1904 年，英国电气工程师弗莱明发明了二极管。1906 年，美国物理学家费森登成功研究出无线电广播。1907 年，美国物理学家德福莱斯特发明了真空三极管，美国电气工程师阿姆斯特朗应用电子器件发明了合适的接收装置。1920 年，美国无线电专家康拉德在匹兹堡建立了世界上第一家商业无线电广播电台。从此广播事业在世界各地蓬勃发展，收音机成为人们了解时事新闻的方便工具。

电磁波的发现和利用也促进了图像通信的发展。1923 年，俄裔美国科学家兹沃里金申请到光电显像管、电视发射器及电视接收器的专利，他成为现代电视技术的先驱。电子技术在电视上的应用，使电视开始走出实验室，进入公众生活之中（见图 6-13）。

第 6 章 无处不在的电磁波

图 6-13 早期的电视

无线电波的特点及应用

现在我们已经知道，无线电波是电磁波的一种，人们用它携带着各种信息在空间以波动的形式传播。用于通信的无线电波根据波长和频率可分为超长波、长波、中波、短波、超短波、微波等波段（也称频段）。各个波段的无线电波组成了一个无线电波家族，它们为人类通信做出了各自的贡献。

1. 超长波：水下通信显身手

一般无线电波在空中可以远走千里，到了水下却寸步难行。试验表明，无线电波在海水中的衰减是很大的，而且频率越高，衰减就越大。由此可见，海底通信用的无线电波频率越低越好，即波长越长越好。超长波也称为超低频，频率范围是 30～300 Hz，它是无线电波中波长很长的一种电磁波，特别适用于水下通信。活动于海面下的潜水艇选用的通信频率为 55 Hz 左右（见图 6-14）。但超长波的发射天线极其复杂庞

图 6-14 潜水艇与水面军舰的通信

大，而且由于频率太低，超长波的容量极为有限。核爆炸时会产生超长波，所以用超长波天线能够测出核爆炸试验的地点。

2. 长波：老资格的信息载体

长波也称为低频，是人们最早使用的通信波段，它已为人类服务了许多年。近年来，由于其他波段的通信方法日益成熟，长波通信逐渐被淘汰。然而，许多国家仍然保留着长波通信，因为任何通信系统都有可能出故障或受到意想不到的干扰，只有多样化的通信网才能保证信息传输的可靠性。

现在许多国家还设有长波导航台，导航台的任务是在各种复杂的条件下，引导舰船和飞机按预定线路航行（见图6-15）。著名的长波导航系统——罗兰导航系统的工作频率为90～110 kHz，现在仍在广泛地使用。当然，长波通信的另外一个重要作用是报时，大家有兴趣可以查阅相关资料进行了解。

图6-15　机场塔台与飞机通信

3. 中波：大众媒介的信息渠道

中波的频率范围在300～3000 kHz，这是人们熟悉的波段。国际电信联盟规定526.5～1605.2 kHz专供无线电广播用，我们平时就是在这个波段收听中央人民广播电台和本地广播电台的节目（见图6-16）。

一般来说，不同的电台使用的广播频率至少应相隔20 kHz。全世界有极其众多的中波广播电台，如中国各大、中城市都有中波广播电台，有的城市还有多个中波广播电台，所以中波波段似乎远远不能满足需要。白天，中波沿地面只能传输几百千米,所以不同城市的中波广播电台即使频率重复也可相安无事。然而在夜里,中波却可以传得较远,所以在夜间收听中波广播,时常会出现串台现象。

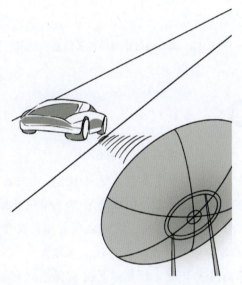

图 6-16 汽车接收交通广播信号

4. 微波:信息传递的"高速公路"

微波是一种具有极高频率(通常为 300 MHz~300 GHz),波长很短(通常为 1 mm~1 m)的电磁波。在微波频段,由于频率很高,电波的绕射能力弱,所以信号的传输主要是利用微波在视线距离内的直线传播,又称为视距传播。微波与短波相比,具有传播较稳定、受外界干扰小等优点,利用微波进行通信具有容量大、质量好,并可传至很远的距离的优点,因此是国家通信网的一种重要通信手段,也普遍适用于各种专用通信网。但在电波的传播过程中,由于微波频率高、波长短,难免受到地形、地物和气候状况的影响而发生反射、折射、散射和吸收现象,产生传播衰减和传播失真,因此微波沿直线传播的距离不远,一般只有几十千米,在进行远距离通信时,要有中继站。由某地发射出去的微波,被中继站接收,并加以放大、处理,再传向下一站,经过很多中继站,微波信号到达远方,如图 6-17 所示。

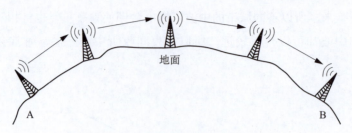

图 6-17　微波通过中继站传递信息示意图

北斗卫星导航系统

中国自主研制开发的北斗卫星导航系统（BDS）已经在 2020 年 6 月完成全球组网，真正做到全球定位全覆盖。BDS 是世界上唯一实现双向通信的导航系统，即用户端既可以向卫星发送信息，也可以从卫星接收信息。由此可以看出，中国自主研发的 BDS 与其他导航系统在设计上有很大的不同。BDS 是主动式定位导航系统，即用户向卫星提出定位请求，卫星传递到地面控制中心，再由地面控制中心操控定位过程。北斗卫星不仅可以获取数据，还可以上传数据。随着 BDS 和 5G 通信的全面覆盖，中国各行各业人民的生产生活质量也有显著的提升。

1. 个人位置服务

当你进入不熟悉的地方时，可以使用装有北斗卫星导航接收芯片的手机或车载卫星导航装置找到你要走的路线。你可以向当地服务提供商发送文字信息，告知你的要求，如查询最近的停车位、餐厅、旅馆或其他你想去的任何地方，服务商会立即根据你所在的位置，帮你找到需要的信息。然后，将一张地图发送到你的手机上，甚至还会为你提供酒店房间、餐厅或停车位预订等增值服务。除此之外，还能为老年人生命健康提供服务。例如，老人摔倒后可以把位置发送给警察或者家人，快速寻求帮助；可穿戴设备实时监控生命体征变化和运动量等（见图 6-18）。

第 6 章　无处不在的电磁波

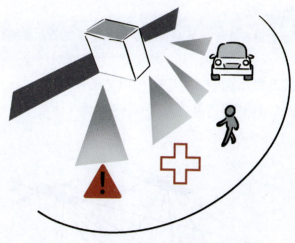

图 6-18　个人位置服务

2. 智能交通

应用 BDS 可实现陆路、水运、航空等领域的智能交通（见图 6-19）。

（1）道路交通管理。

BDS 将有利于减缓交通阻塞，提升道路交通管理水平。北斗用户车辆可以快速获得自己的位置，车辆的位置信息也能在几秒内自动转发到中心站。这些位置信息可用于道路交通管理。

（2）铁路智能交通。

BDS 将促进传统运输方式实现升级与转型。例如，在铁路运输领域，通过安装卫星导航终端设备，可极大地缩短列车行驶间隔时间，降低运输成本，有效提高运输效率。未来，BDS 将提供高可靠、高精度的定位、测速、授时服务，促进铁路交通的现代化，实现传统调度向智能交通管理的转型。

（3）海运和水运。

海运和水运是全世界最广泛的运输方式之一，也是卫星导航最早应用的领域之一。目前，在世界各大洋和江河湖泊行驶的各类船舶大多安装了卫星导航终端设备，使海上和水路运输更为高效和安全，但是传统的导航设备受天气等因素影响比较大。BDS 可在任何天气条件下为水上航行船舶提供导航定位服务和安全保障。同时，BDS 特有的通信功能将支持各种新型服务的开发。

（4）航空运输。

当飞机在机场跑道着陆时，最基本的要求是确保飞机相互间的安全距离。利用 BDS 精确定位与测速的优势，可实时确定飞机的瞬时位置，有效减小飞机之间的安全距离，甚至在大雾天气情况下，可以实现自动盲降，极大地提高飞行安全和机场运营效率。将 BDS 与其他系统有效结合，可为航空运输提供更可靠的安全保障。

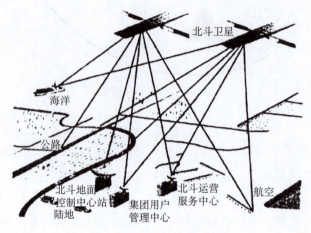

图 6-19 BDS 与智能交通

小试牛刀

查阅资料，了解现代通信技术中的关键技术——光纤通信。请说说光纤通信的优势有哪些。

第 6 章　无处不在的电磁波

第 4 节　懒人的福利——微波炉

生活物理

本章中我们认识了电磁波这个大家族，知道了微波是电磁波这个大家族中的一员。我们生活中常用微波炉来加热食物（见图 6-20），方便快捷。那么，微波炉是如何加热食物的呢？它与微波又有怎样的联系呢？

图 6-20　用微波炉加热食物

科学实验

请准备两根长 15cm 的细铁丝、两个小圆铁罐、两个螺母、两把椅子、一根细绳、一把钳子。如图 6-21 所示，将两把椅子背对背放置，在椅子中间拉上细绳（注意：细绳要拉紧）。在小铁罐的盖子中心钻一个小孔，把细铁丝的一头穿入孔内，把另一头弯成一个小钩，紧紧地挂在细绳上，每根铁丝到细绳中点的距离要相等。随后，在每个铁罐里放入一个螺母增加分量，盖上罐盖。摆动其中一个铁罐，第二个铁罐也随之慢慢地摆动起来，不一会儿两个铁罐的摆幅相同。

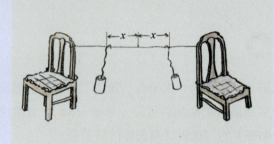

图 6-21　共振小实验装置

刚才的小实验就是生活中常说的共振现象。1906 年的一天，在彼得堡封塔河上的爱纪毕特桥上，一支迈着整齐步伐的军队正在行进，突然桥身断裂，桥毁人亡。桥本身是坚固的，而桥上人的总重量并不至于会压垮桥梁。经过调查发现，原来大桥断裂的悲剧是由共振造成的。因为军队行进步伐十分整齐，其频率正好与桥的固有频率相近，和桥产生共振，导致了这场悲剧的发生。可见，共振的发生也是有条件的。这与微波炉又有怎样的关系呢？

微波在遇到金属材料时能被反射，遇到玻璃、塑料、陶瓷等绝缘材料时可以穿透，遇到含有水分的蛋白质、脂肪等介质时则可被吸收，且微波的电磁能量变为内能，即让分子的无规则运动变得更剧烈，这与共振有相似之处，这也是为什么在电磁波家族中只有微波有这样的特殊能力。国际上，家用微波炉有 2450 MHz 和 915 MHz 两个频率，2450 MHz 用于家庭烹调，915 MHz 用于干燥、消毒。

第6章 无处不在的电磁波

我们再从微观上认识一下微波是如何使水分子的无规则运动加剧的。被加热的介质一般可分为无极性分子电介质和有极性分子电介质。有极性分子（如水分子）在没有外加电场时不显示极性。如果将这种介质放在外加电场中，每个极性分子会沿着电场力的方向形成有序排列，并在电介质表面感应出相反的电荷，这一过程称为极化。外加电场越强，极化作用也越强。当外加电场改变方向时，极性分子也随之以相反的方向形成有序排列（见图6-22）。

图 6-22　水分子被极化

水分子存在于大多数食物中，电场会使水分子极化。家用微波炉的频率是 2450 MHz，微波电场的正、负极方向每秒转换 24.5 亿次，水分子也不停地随之转换方向。随着水分子不断转向，彼此发生碰撞，相互摩擦，进而产生热量，其生成的热量之大是可想而知的。

微波炉的问世

微波炉最早的名称是"爆米花和热团加热器"，它的发明纯属偶然。

在第二次世界大战期间，美国雷达工程师在做雷达试验时偶然发现口袋里的巧克力块融化发黏，他怀疑是自己的体温引起的，后来在连续多次的试验中才发现了微波的热效应。

利用这种热效应，1945年美国发布了利用微波的第一个专利，1947年美国的雷声公司研制成世界上第一个微波炉——雷达炉。经过人们不断改进，1955年家用微波炉诞生。20世纪60年代微波炉开始进入家庭；20世纪70年代，由于辐射安全性、操作方便性等问题得以解决，微波炉造价不断下降，得到推广使用，并形成了一个重要的家庭产业，同时在品种和技术上不断提高。进入二十世纪八九十年代，控制技术、传感技术不断得到应用，微波炉得以普及。

微波炉的关键部件是磁控管，这种先进真空管所产生的微波威力巨大，足够用于军用雷达（这也是研制磁控管的最初目的），当然还有其他配套部件。

查阅资料，说明微波炉与电饭锅工作原理的区别。

参考文献

［1］张露露.黑客可通过冰箱发恶意邮件［EB/OL］.（2014-01-22）［2023-02-10］.http://cn.chinagate.cn/cooperate/2014-01/22/content_31271325.htm.

［2］王楠，王国强.从伏打电池到锂离子电池：电化学储能技术的发展［J］.张江科技评论，2022（4）：72-77.

［3］司马屹杰.2030年中国风电光伏装机容量将超12亿千瓦［EB/OL］.（2020-12-14）［2023-02-10］.http://www.scio.gov.cn/ztk/dtzt/42313/44537/44544/Document/1695088/1695088.htm.

［4］薛蕾.欧姆定律背后的故事［J］.新课程（中学版），2013（5）：133.

［5］刘筱莉，仲扣庄.物理学史［M］.南京：南京师范大学出版社，2004.

［6］陈关荣.一个没有学历和文凭的杰出物理家［EB/OL］.（2021-10-24）［2023-02-10］.https://www.thepaper.cn/newsDetail_forward_15048588.

［7］龚雯，王默玲.世界首条35千伏公里级超导电缆在沪投运［EB/OL］.（2021-12-22）［2023-02-10］.http://www.gov.cn/xinwen/2021-12/22/content_5663994.htm.

［8］代群，赵俊松.我国第一条量子芯片生产线有了"火眼金睛"［EB/OL］.（2022-12-06）［2023-02-10］.https://www.hefei.gov.cn/ssxw/csbb/108360675.html.

［9］丁贝，王文洪.磁性斯格明子的发现及研究现状［J］.物理，2018，47（1）：15-23.

［10］董博闻，张静言，彭丽聪，等.磁性斯格明子的多场调控研究［J］.物理学报，2018，67（13）：137507.

［11］汤进，田明亮，杜海峰.多拓扑荷"磁束子"的发现［J］.物理，2021，50（11）：767-769.

［12］王震西，李大军，郑观泽.从基础研究到高技术产业：三环公司发展钕铁硼永磁材料的探索［J］.物理，1991，20（2）：101-104.

［13］王震西，胡伯平.磁学研究与三环公司发展［J］.物理，2002，31（7）：422-429.

［14］赵凯华，陈熙谋.电磁学［M］.3版.北京：高等教育出版社，2011.

［15］张会，鲍淑清.回旋加速器之父：劳伦斯［J］.物理，1996，25（4）：250-254.

[16] 曹养书，孙官清. 回旋加速器的应用［J］. 物理，2001，30（6）：361-367.

[17] 冼鼎昌. 同步辐射历史及现状［J］. 物理，2013，42（6）：374-377.

[18] 刘苏雅. 我国首个大科学装置运行30余年，北京正负电子对撞机领跑世界最前沿［EB/OL］.（2022-12-27）[2023-02-10]. https://www.ncsti.gov.cn/kjdt/xwjj/202212/t20221227_105422.html.

[19] 陈星旦，李云硕. 日本的同步辐射实验室［J］. 光学精密工程，1985（3）：57-62.

[20] 姜天海. 合肥光源："神奇之光"再创辉煌［EB/OL］.（2015-01-19）[2023-02-10]. https://www.cas.cn/cm/201501/t20150119_4301516.shtml?from=singlemessage.

[21] 董宇辉，苑梦尧. 高能同步辐射光源：探索微观世界的大国重器［EB/OL］.（2021-07-08）[2023-02-10]. https://www.cas.cn/zjs/202107/t20210708_4797532.shtml.

[22] 尉迟恭，张起燕. 20世纪90年代台湾科技发展三大举措［J］. 海峡科技与产业，2016（4）：9-14.

[23] 许洪彬，蔡金刚. 台湾同步辐射研究中心发展道路［J］. 海峡科技与产业，2016（8）：8-22.

[24] 吴月辉. 高能同步辐射光源验证装置通过验收［EB/OL］.（2019-02-03）[2023-02-10]. http://www.gov.cn/xinwen/2019-02/03/content_5363548.htm.

[25] 张天爵，吕银龙，王川，等. 中国原子能科学研究院回旋加速器创新与发展60年［J］. 原子能科学技术，2019，53（10）：2023-2030.

[26] 李秀丽. 中核集团编制我国回旋加速器领域首批国家标准正式发布［EB/OL］.（2017-08-09）[2023-02-10]. https://www.sohu.com/a/163357842_313834.

[27] 温存. 全球首个回旋加速器国际标准发布［EB/OL］.（2021-12-08）[2023-02-10]. http://www.sasac.gov.cn/n2588025/n2588124/c22109407/content.html.

[28] 王洛印. 法拉第对阿拉果铜盘实验现象的研究和解释［J］. 哈尔滨工业大学学报（社会科学版），2010，12（4）：8-14.

[29] 宋阳，巫林. 我国牵头首个自动驾驶国际标准正式发布［EB/OL］.（2022-10-17）[2023-02-10]. https://auto.cctv.com/2022/10/17/ARTImQBf1HXqxmut9tBdcYuq221017.shtml.

[30] 岳衍，付雪峰. 我国学者与海外合作者在分子马达研究方面取得进展［EB/OL］.（2022-09-29）[2023-02-10]. https://www.nsfc.gov.cn/publish/portal0/tab434/info87368.htm.

[31] 黄远志. 中国航天科工驱动电机让嫦娥三号月球车"走动起来"［EB/OL］.（2013-12-

09）[2023-02-10]. http://www.casic.com.cn/n12377419/n12378214/n1643809/n1643905/n1643917/c1647005/content.html.

[32] 刘方. 等离子体所自主研制的全REBCO高温超导磁体成功励磁至24.1T[EB/OL].（2022-11-11）[2023-02-10]. http://www.ipp.ac.cn/xwdt/kydt/202211/t20221104_722313.html.

[33] 刘建华. 电工所研制出32.35T世界最高磁场超导磁体[EB/OL].（2019-12-06）[2023-02-10]. http://www.iee.cas.cn/xwzx/ttxw/201912/t20191231_5480711.html.

[34] 王新民. 少年百科知识：科学·技术卷[M]. 成都：四川人民出版社，2001.

"小试牛刀"参考答案

第1章
第1节

用丝绸摩擦过的玻璃棒与验电器的上端接触,则其下端悬挂的两片金属箔片因带同种电荷(正电)而张开,且带电的相对数量越多张角越大;若再用头皮摩擦过的塑料梳子接触验电器的上端时出现了张角先变小的情形,则表明塑料梳子带负电。

第2节

如图所示,其中画出的是感应起电机的一个玻璃圆盘,在它的外侧有一根金属放电杆,两端安有由软金属丝制成的电刷。放电杆固定在与水平面成45°角的位置上,并与另一盘面的金属放电杆垂直。金属放电杆把玻璃圆盘上的两个导电膜(图中的 a 和 a')连接在一起。由于对面玻璃圆盘上与 a 和 a' 相对的

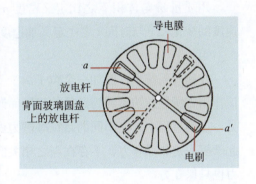

导电膜上带有很少量的电荷(这是由于大气中有许多带电粒子,如宇宙射线粒子等,它们与导电膜的碰撞使导电膜带少量电荷),于是导电膜 a 和 a' 发生静电感应,电荷重新分布。当圆盘转过一个小角度时,a 和 a' 跟电刷分离,不再通过金属放电杆连接在一起,这样它们就分别带上了等量异种电荷。等它们转过90°角时,就会使对面那一对由放电杆连接的导电膜发生静电感应。经过不断地旋转,所有导电膜都带上了电荷。

第3节

把头发碎屑悬浮在蓖麻油里,将两块平行且正对的长金属板放入蓖麻油里,使两金属板分别带等量异种电荷,碎屑就按电场的样子排列起来,显示出电场线的分布情况,如图所示,近似为平行且等间距排列。两平行金属板之间的电场为

匀强电场，电场强度的大小和方向处处相同。

第4节

用质量 m 与体积 V 之比定义密度 ρ，用位移 x 与时间 t 之比定义速度 v，用速度的变化 Δv 与时间 t 之比定义加速度 a 等。

第5节

在物理系统里，假如一个粒子由于受到作用力，从起始点移动到终结点，且该作用力所做的功不因为路径的不同而改变，则称此力为保守力。由于从一点到另一点的过程中，走不同的路径摩擦力做功不同，即摩擦力做功与路径有关，因此摩擦力是非保守力，不存在与之相关的摩擦势能。在一个保守系统内，弹簧弹力也是保守力。

第6节

密立根油滴实验装置，如图所示。

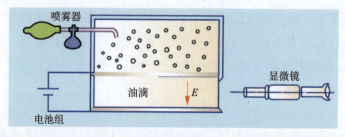

图中雾状小油滴被喷到水平放置的两块平行金属板上方的空间。两块平行金属板中的上板有一个小孔，当油滴穿过小孔进入两板间的空间后，通过

显微镜可测出在两板间不加电压时油滴下降的速率，从而算出油滴质量 m。再用 X 射线照射两板间的空气，使之电离，从而使油滴带上微小的电荷量 q。在两金属板上加电压并进行调节，使油滴受到的电场力等于它所受的重力，油滴达到平衡。根据 $qE=mg$，就能求出油滴所带电荷量 q。密立根用上述方法对大量油滴进行测定，发现各个油滴所带电荷量都是某一最小电荷量的整数倍。他断定这一最小电荷量就是电子的电荷量，经过计算得出其数值为 1.602×10^{-19} C。

第 7 节

点火器的放电电极做成针尖形是为了利用尖端放电现象，使它在电压不高的情况下也容易点火。验电器的金属杆上端固定一个金属球是为了防止出现尖端放电现象，电压较高时验电器也不会放电（不漏电）。

第 2 章

第 1 节

设计的电路如图所示。饭店开门营业时，总开关处于闭合状态。推拉门关闭时，推拉门开关处于闭合状态，提示灯和扬声器处于被短接状态，不工作。推拉门被打开时，推拉门开关断开，则提示灯亮，扬声器播放欢迎语。

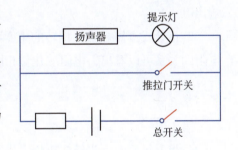

第 2 节

1. 欧姆定律仅适用于纯电阻元件，用电器将电能转化为内能，不转化为其他形式的能量。

2. 半导体材料的电阻与长度、横截面积、材料、温度、掺杂浓度等因素有关。当温度升高时，半导体材料载流子浓度升高，导电性能变强，电阻变小。

第 3 节

1. 根据国家统计局数据，查出了 2019—2022 年全国的发电量。根据国家能源局发布的全国线路电能损失率，估算出线路损失的电能。由近几年的数据可以看到，线路损失率逐年降低，线路损失电能在 2021 年较高，如下表所示。

年份	发电量/亿千瓦时	线路损失率/%	线路损失电能/亿千瓦时
2022	83 886	4.84	4060
2021	81 122	5.26	4267
2020	74 170	5.62	4168
2019	71 422	5.90	4214

2. 铝的电阻率为 $2.9\times10^{-8}\ \Omega\cdot m$，铜的电阻率为 $1.7\times10^{-8}\ \Omega\cdot m$。在相同条件下，相同规格的铜导线比铝导线减少 41% 的电能损失。

第 4 节

1. 将万用表拨到欧姆挡，测量身边一些材料的电阻值。将遥控器的电源盖打开，将万用表拨到电流挡并和遥控器电池外置串联，用导线将外置电池连接在遥控器电池盒上，测量电流大小。将万用表拨到直流电压挡，测量不同品牌电池的输出电压。

2. 指针式万用表指针偏转的角度可以反映通过线圈电流的大小，根据电流与电阻的关系可以看出，电阻变化量相同时，电流变化量是不同的。

第 3 章

第 1 节

1. 将磁化后的大头针在火焰上进行加热，然后将大头针放在铁屑中，观察其吸引铁屑的多少；利用木棍敲击磁化后的大头针或用其他方式让大头针振动，然后将大头针放在铁屑中，再观察其吸引铁屑的多少。

2. 现在常见的永磁材料有钕铁硼、钐钴、铝镍钴、铁氧体等。

第 2 节

中国第一座实验性重水反应堆和第一台回旋加速器，简称"一堆一器"，是中国首次建设的重大核设施。1956 年 5 月 26 日，在北京西南远郊房山坨里地区正式兴建"一堆一器"及新科研基地。1958 年 6 月 10 日，中国第一台回旋加速器第一次得到质子束并且打到靶上。1958 年 6 月 13 日，中国第一座重水反应堆首次达到临界。

第 3 节

1. 自行车辐条切割磁感线可以得到感应电流，自行车速度越快，感应电流越大。可以根据感应电流的大小计算自行车速度。

2. 空调中的温度传感器，手机中的光传感器、重力传感器等。

第 4 节

自制电动机的线圈在同一个平面，通电时，线圈可能刚好处于平衡状态。可以将电动机线圈绕制在多个平面，使其在多个位置都存在安培力让其转动。

第 4 章

第 1 节

电风扇可以用来发电，电风扇的插头变成了输出电压端，利用万用表可以检测插头两端间的电压。当风扇扇叶转速增大时，可以检测到更强的电信号。

第 2 节

电磁感应现象在发电机、变压器、磁卡、各种电磁传感器等中均有应用。

第 3 节

保持对科学的好奇心与求知欲，为社会的进步奉献自己的力量。有新的科学现象出现时，不放过其中的线索，找出其中的科学原理。

第 4 节

安检门和排雷装置属于金属探测器，线圈中有变化的电流，当探测到金属时，会在金属中产生感应电流，感应电流又会产生额外的磁场。通过探测磁场的变化就可以知道是否探测到金属了。

第 5 节

高铁的技术成熟，铁路网络四通八达，速度较快，可以达到 300~400 km/h。常导磁悬浮可以达到更快的速度，但是还处于试验阶段，还没有形成远距离运输网。超导磁悬浮速度较快，结构简单，安全性高。由于超导磁悬浮需要使用超导材料，需要低温环境，其发展也受到超导材料发展的制约。

第 5 章

第 1 节

手摇发电机中，如果线圈不动，让磁铁转动，产生的电流还是交流电。相对运动导致磁通量依然交替变化。不同的是，如果转动方向相同，线圈转动和磁铁转动产生的交流电相位会相差 π。

第 2 节

整流二极管最重要的特性就是单方向导电性。在电路中，电流只能从二极管的正极流入，负极流出，故只通过交流电一半的电流，剩下一半反向电流不能通过。

第 3 节

N_1 小于 N_2；N_3 大于 N_4。如果接收端电压与发电厂发出电压一致，那么 $N_1 : N_2$ 应小于 $N_4 : N_3$。

第 4 节

可以使试电笔氖管发光的插孔，如图所示。

第 6 章

第 1 节

激光雷达的波长比微波短好几个数量级，又有更窄的波束。因此，激光雷达具有如下优点。

（1）角分辨率、速度分辨率和距离分辨率高。采用距离—多普勒成像技术可以得到运动目标的高分辨率的清晰图像。

（2）抗干扰能力强，隐蔽性好；激光不受无线电波干扰，能穿越等离子鞘，低仰角工作时，对地面的多路径效应不敏感。激光束很窄，只有在被照射的那一点、那一瞬间才能被接收，所以激光雷达发射的激光被截获的概率很低。

（3）激光雷达的波长短，可以在分子量级上对目标进行探测。这是微波雷达无能为力的。

激光雷达也有如下缺点。

（1）激光受大气及气象影响大。大气衰减和恶劣天气可使激光雷达作用距离减小。此外，大气湍流会降低激光雷达的测量精度。

（2）激光束窄，难以搜索目标和捕获目标。一般先由其他设备实施大空域、快速粗捕目标，然后交由激光雷达对目标进行精密跟踪测量。

第2节

电码是利用若干个有、无电流脉冲或正负电流脉冲组成的不同的信号组合，其中每一个信号组合代表一个字母、数字或标点符号。电码是被广泛认知和应用的。

密码是一种用来混淆的技术，使用者希望将正常的（可识别的）信息转变为无法识别的信息。但这种无法识别的信息部分是可以再加工并恢复和破解的。密码是使用双方的特殊约定，往往通过电码传递信息，通过电码将传递的电信号转换成文字或者符号，再利用密码对文字或者符号进行解读。

第3节

光纤通信是以激光为光源，以光导纤维为传输介质进行的通信。光纤通信具有传输容量大、抗电磁干扰能力强等突出优点，是构成未来信息高速公路骨干网的主要通信方式。

第4节

微波炉是利用微波引发水分子等物质分子做剧烈的无规则热运动，而使食物温度升高。电饭锅是利用电流的热效应使加热管升温，再通过热传递使食物升温。

后　记

　　这套书终于要和大家见面了！虽然它没有那么完美，我们仍然享受这份喜悦。在这里，首先要感谢为本书的编写提供科学原始素材的物理学专业研究者，我们只是在他们的基础上做了一件力所能及的事情。在编写体例上，我们借鉴了赵凯华和张维善先生合著的《新概念高中物理读本》的编写体例；在读本内容的选择上，我们参阅了人民教育出版社、教育科学出版社等多家出版社出版发行的现行中学生使用的初高中物理教材，在此一并致谢！在"科学中国"栏目中，我们列入了中国物理学研究者和研究团队在物理学发展中的突出贡献。正因如此，我们才能将物理学与中国的现代科学相联系，让中学生体会中国对世界科学发展所做出的贡献，提高中学生的民族自尊心与自豪感，更加凸显物理学科的育人价值。在此也一并对发布我国科技前沿动态的各大媒体表示衷心的感谢！

　　为了更好地增加本书的可读性、趣味性，书中插图我们大都设计为简笔画、漫画等手绘图片。绘图工作得以顺利完成必须感谢清华大学附属中学朝阳学校美术专业班的老师和同学们。参与绘画的同学有杜元熙、张紫暄、于纾灵、梁智远、黄泳淇、曹睿然、孙小艾、林语清、王艺潼、杨袭明、赵瑞轩、何育莱、范书璟。同时也衷心感谢美术专业教师傅博老师、孟翠东老师的专业指导。

　　本书的编写还要感谢敢于质疑和创新的中学生朋友，正是大家提出的各种各样的问题促使我们有动力完成本书。希望中学生朋友通过阅读本书走进物理世界，爱上物理。当然也欢迎大家继续提出新的问题，问题的提出是探索未知的又一个良好开端！

　　需要感谢的人太多，难免有遗漏，在此向所有帮助过我们的人表达我们的敬意！

在编写过程中,我们有过紧张、有过担忧,感到自身仍然存在一定的知识漏洞,语言贫乏无力,思维不甚严密。由于能力有限,书中难免有错误和疏漏之处,欢迎大家批评指正!

编者

2023 年 5 月于北京明德园